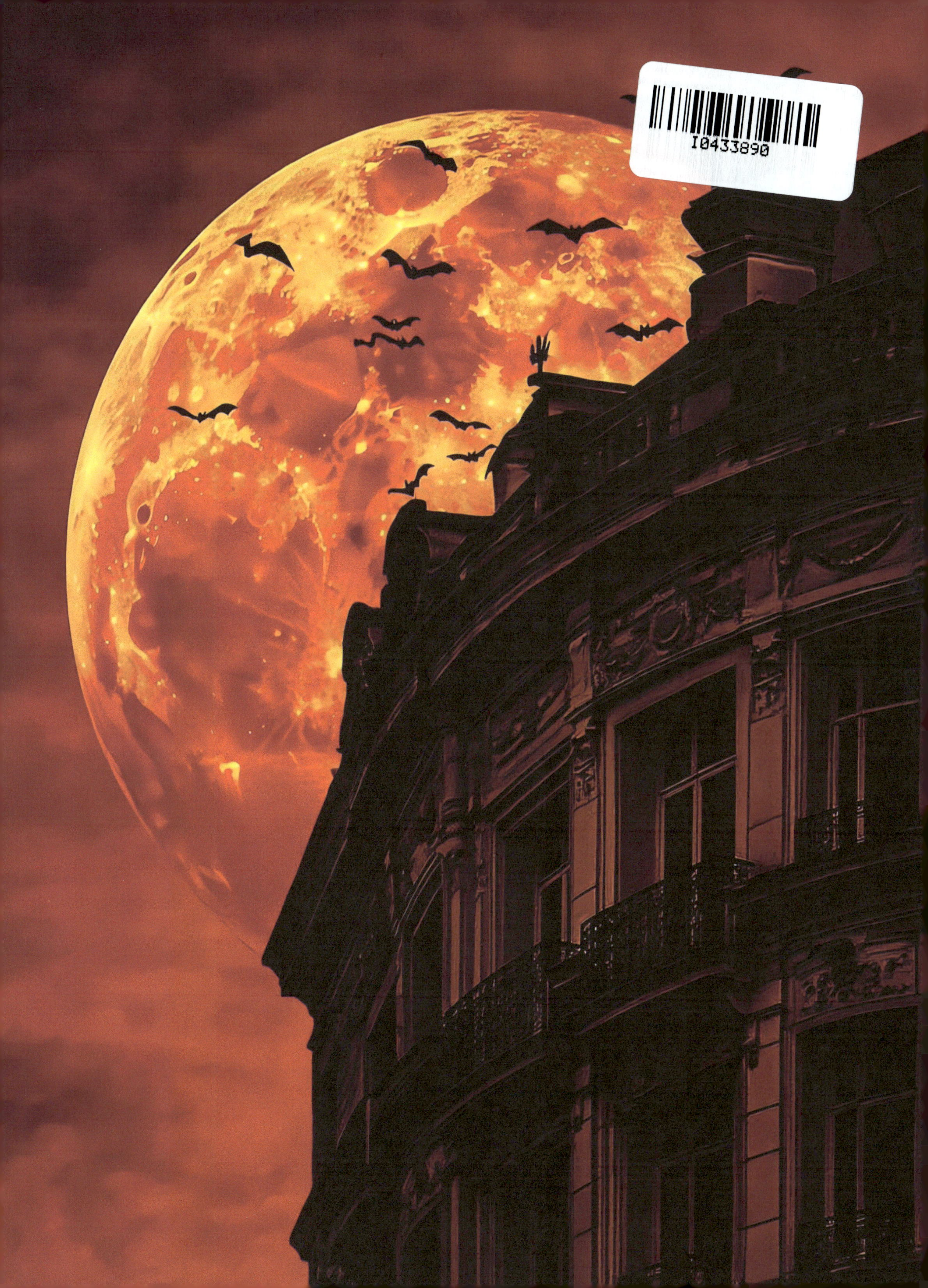

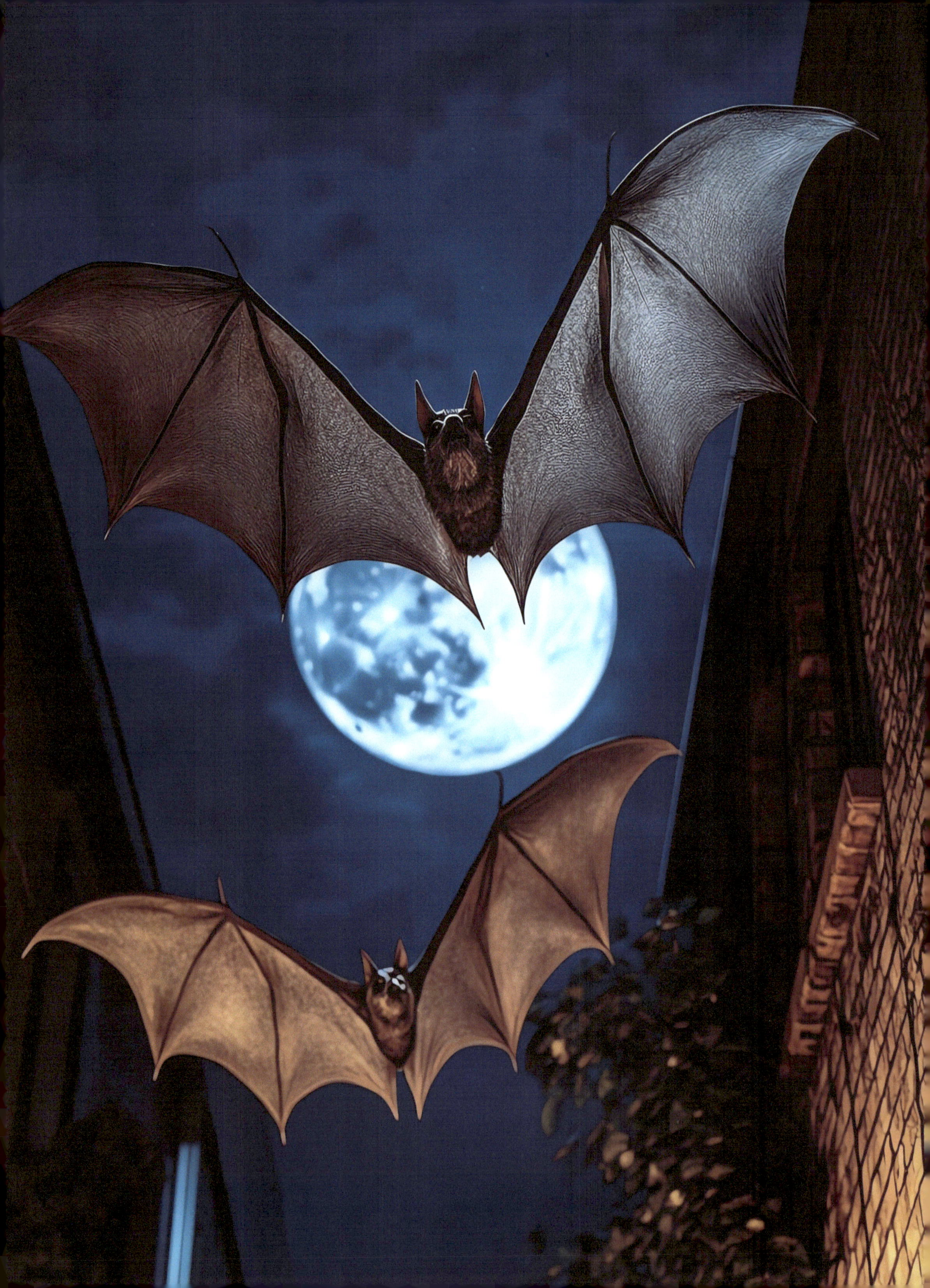

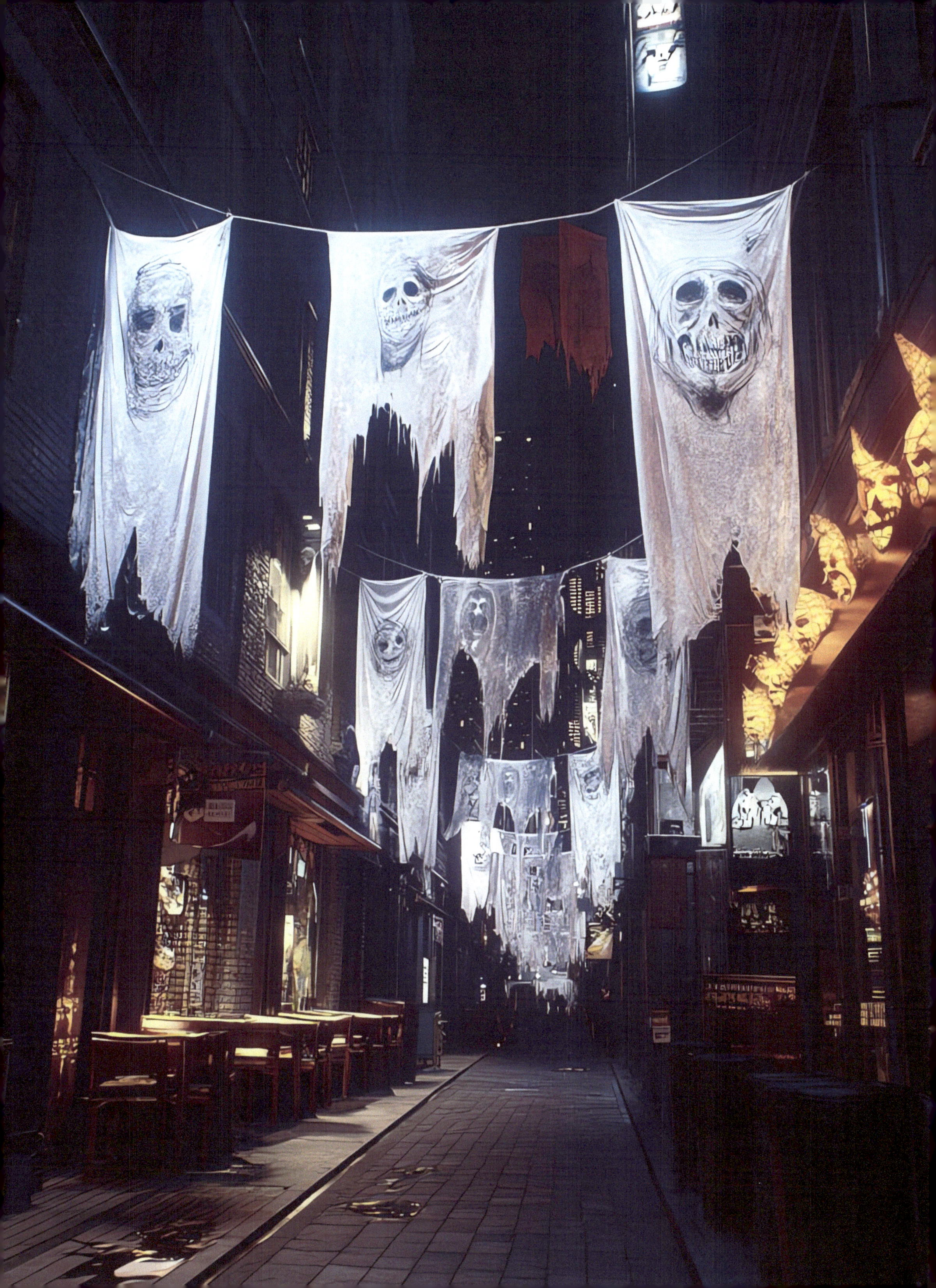

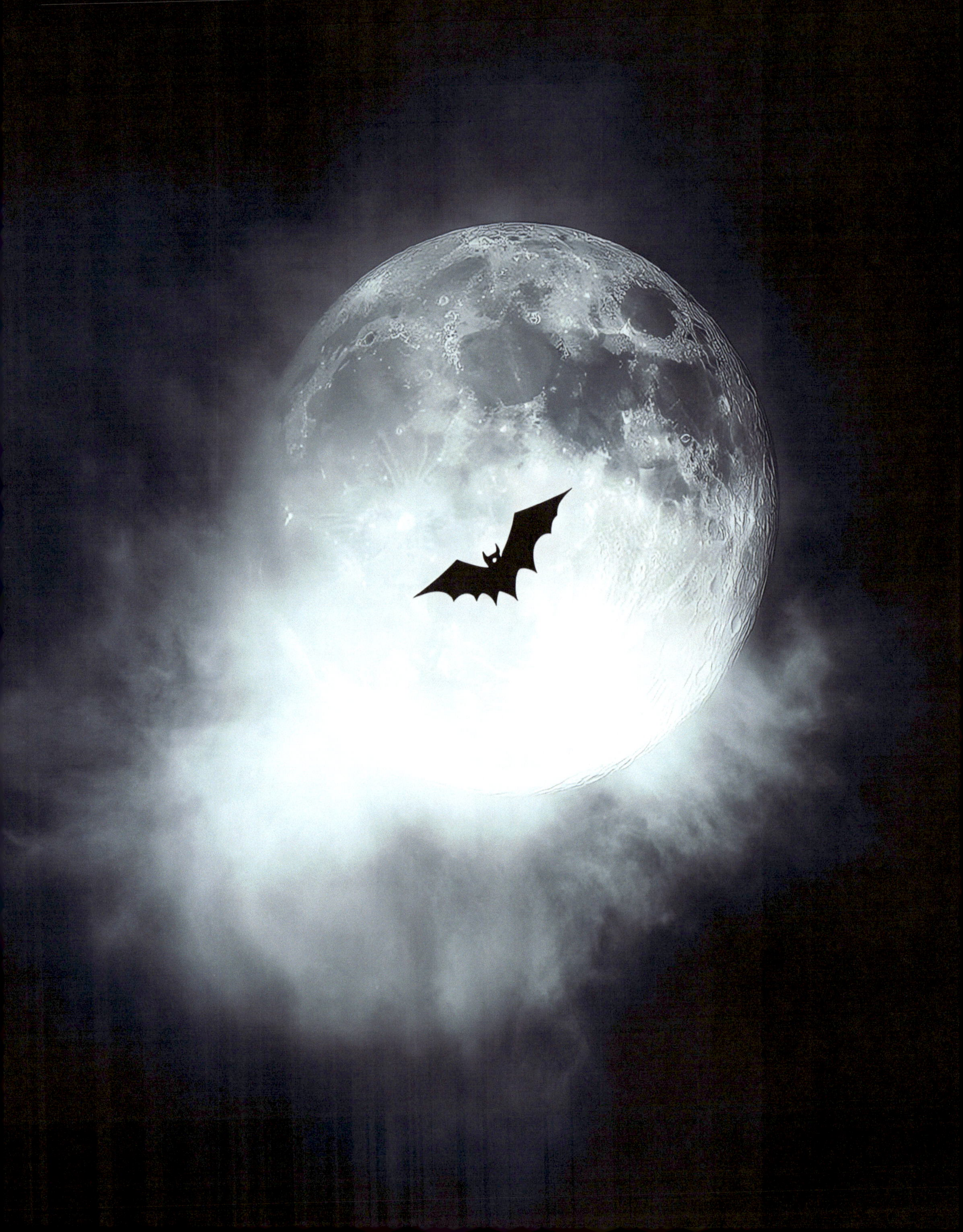

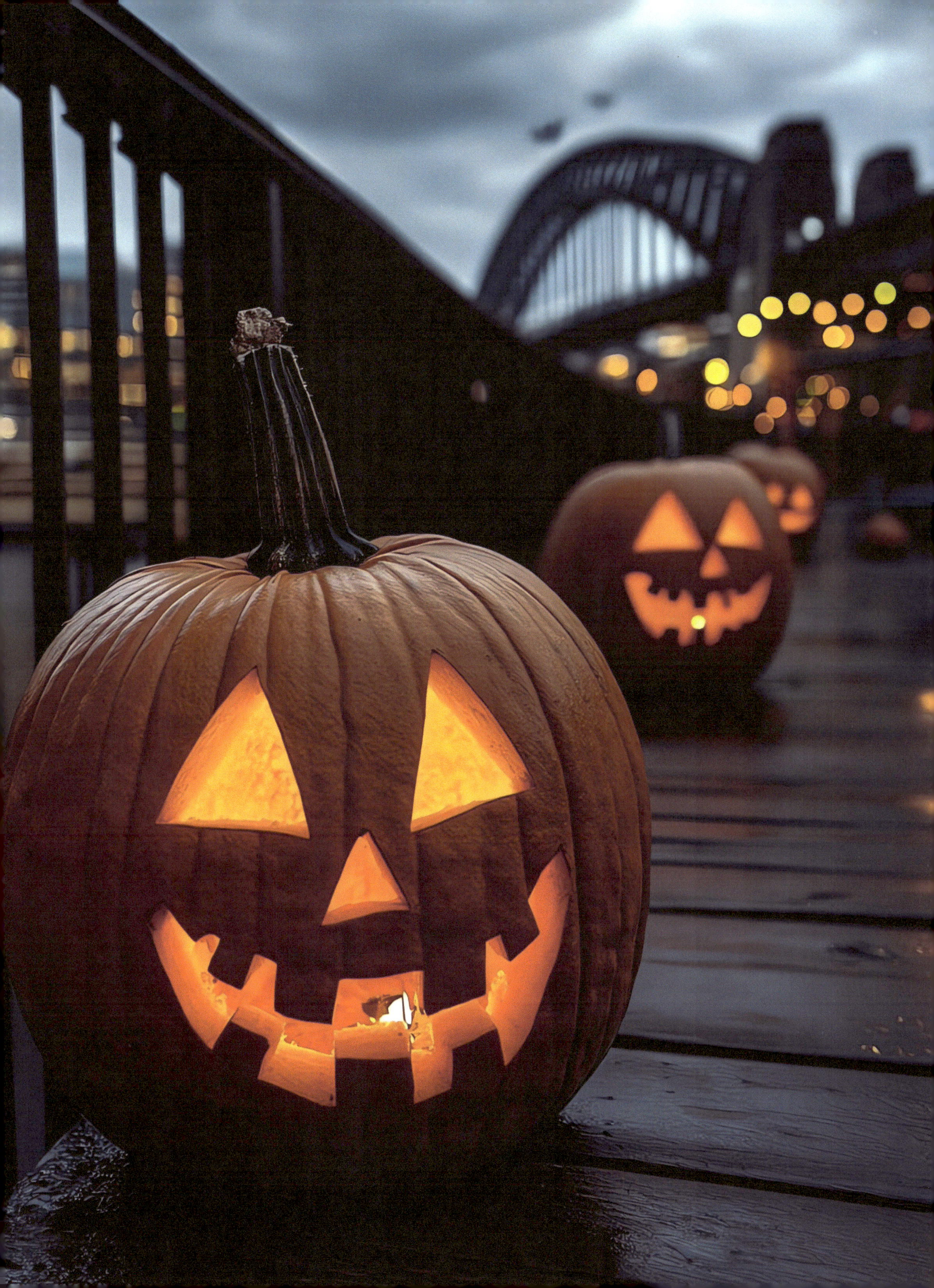

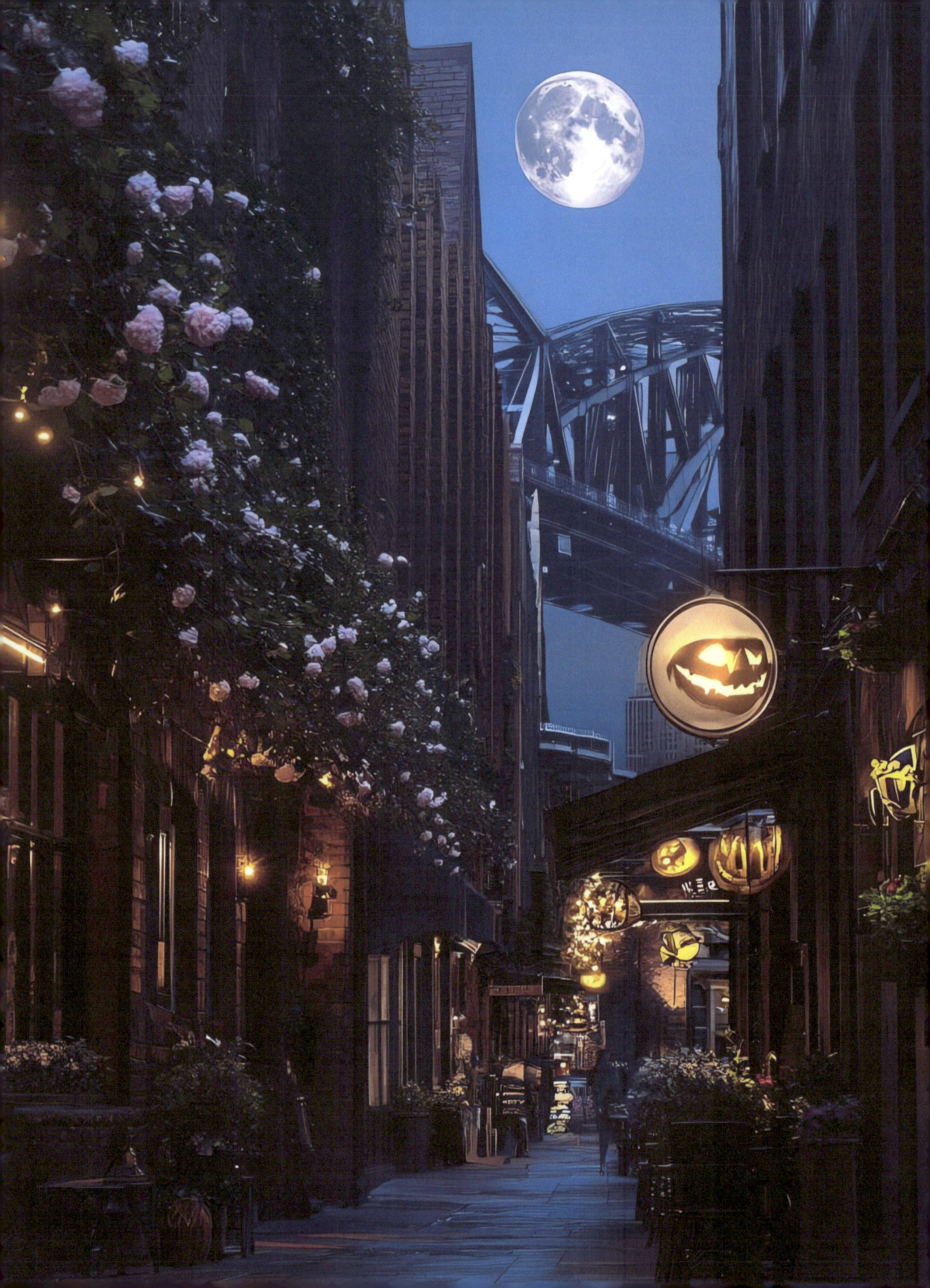

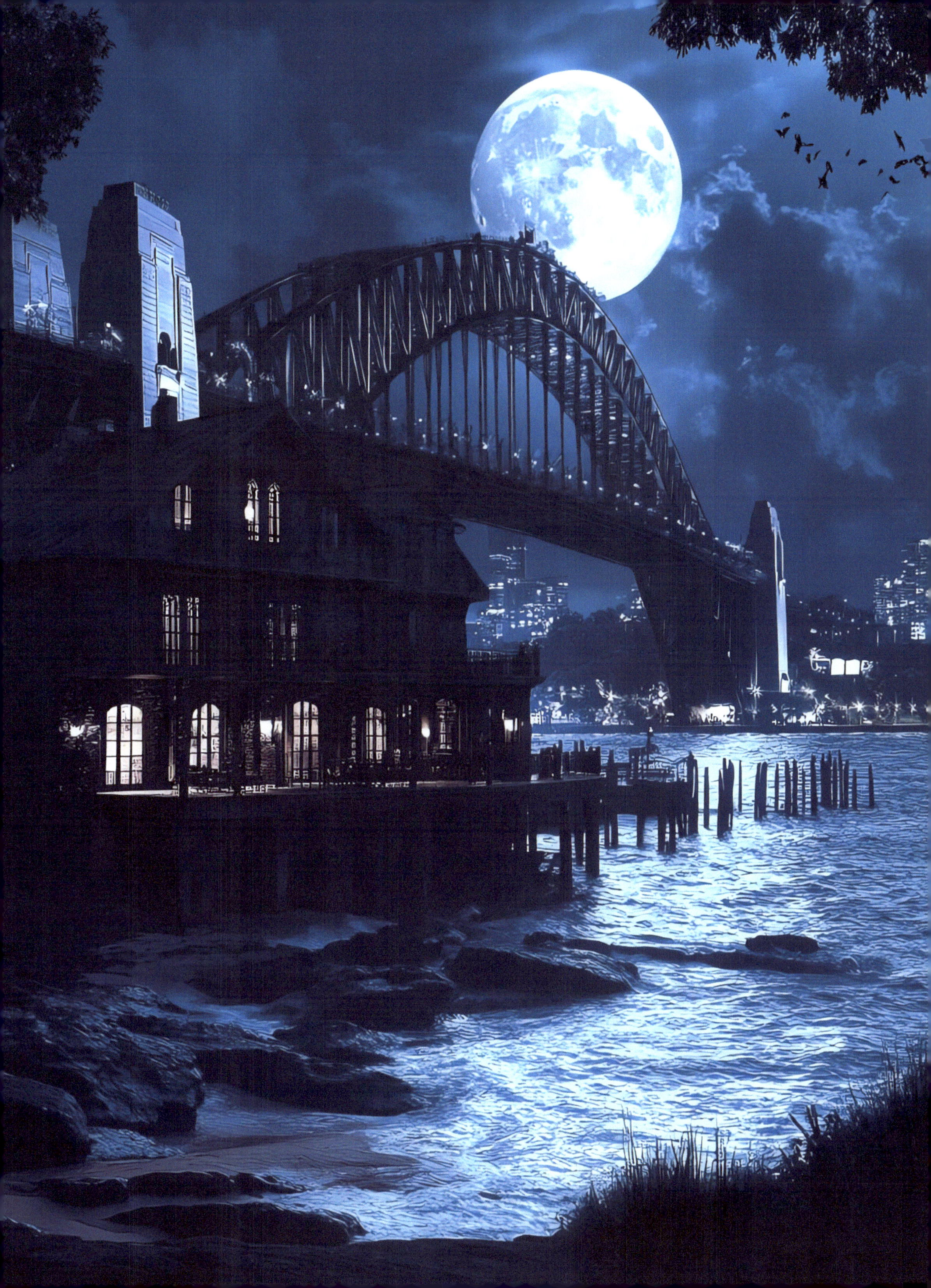

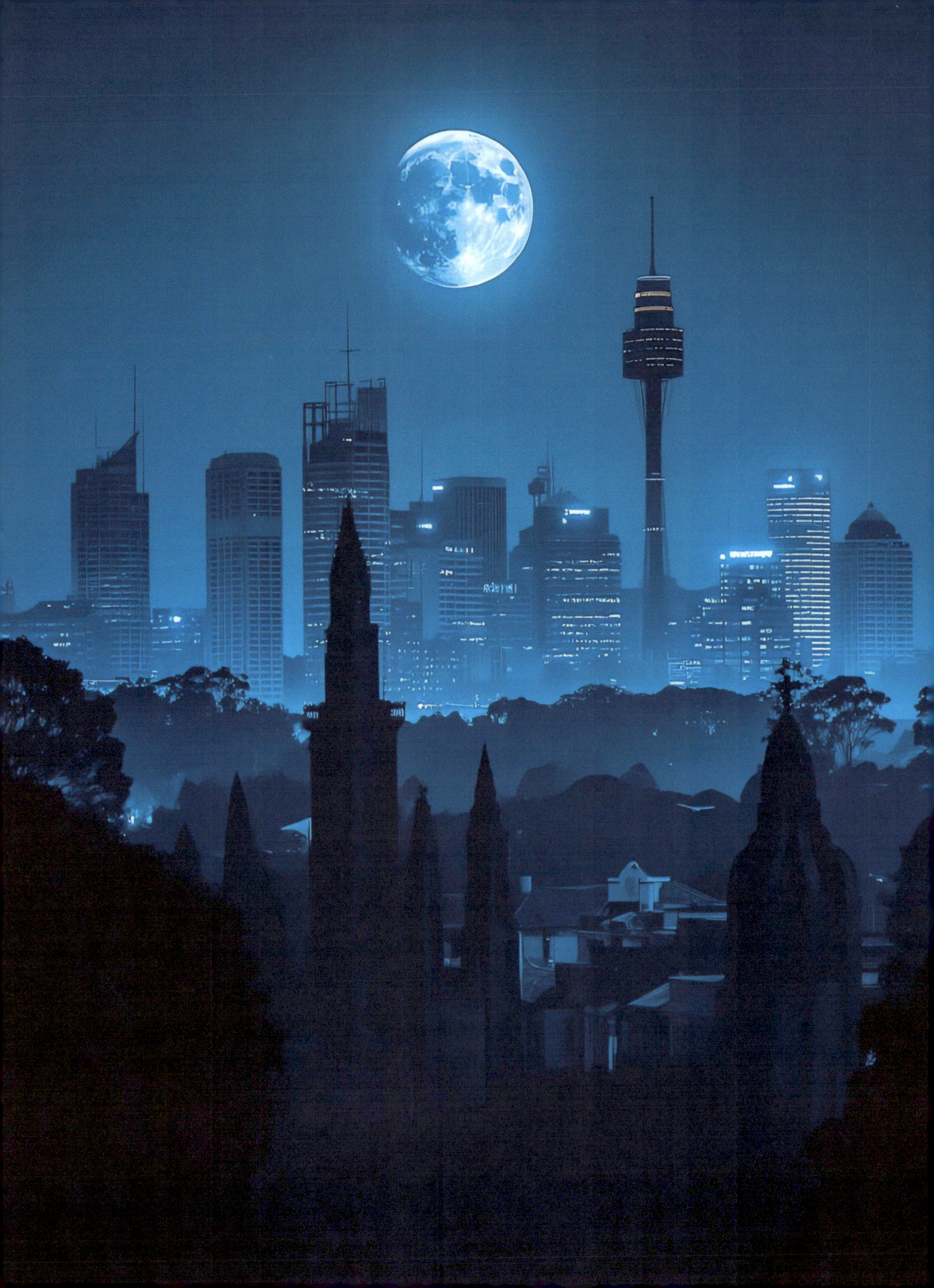

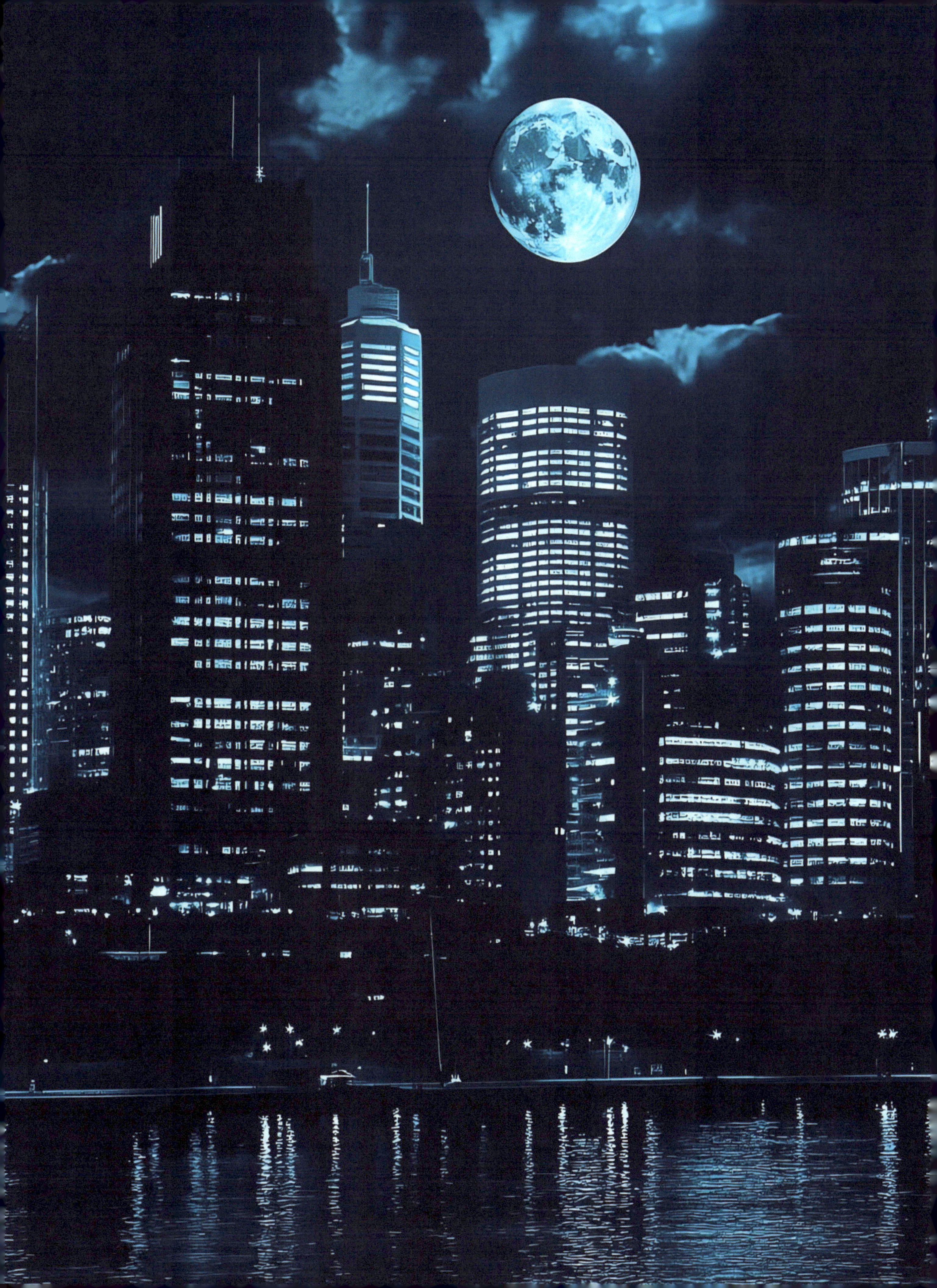

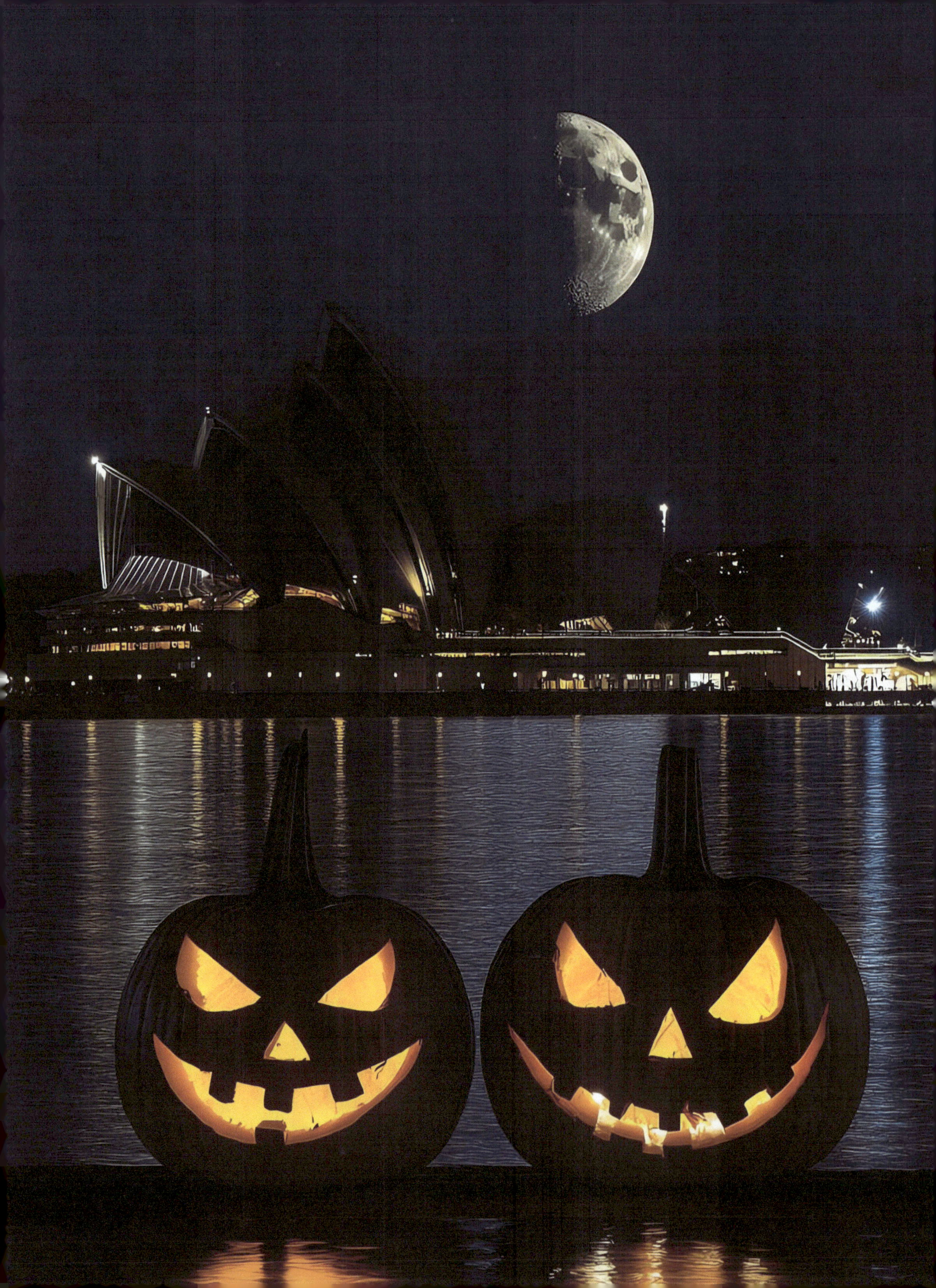

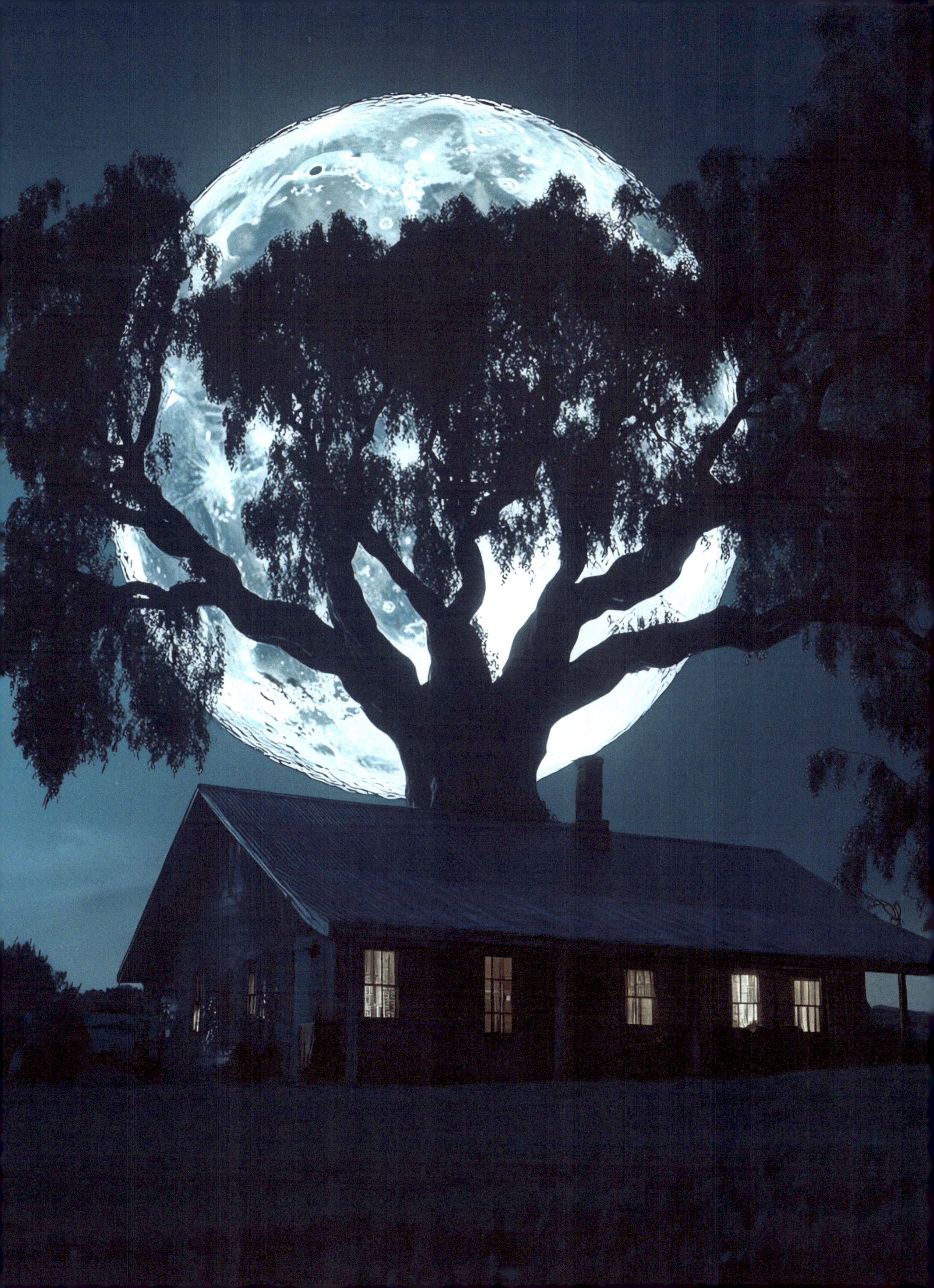

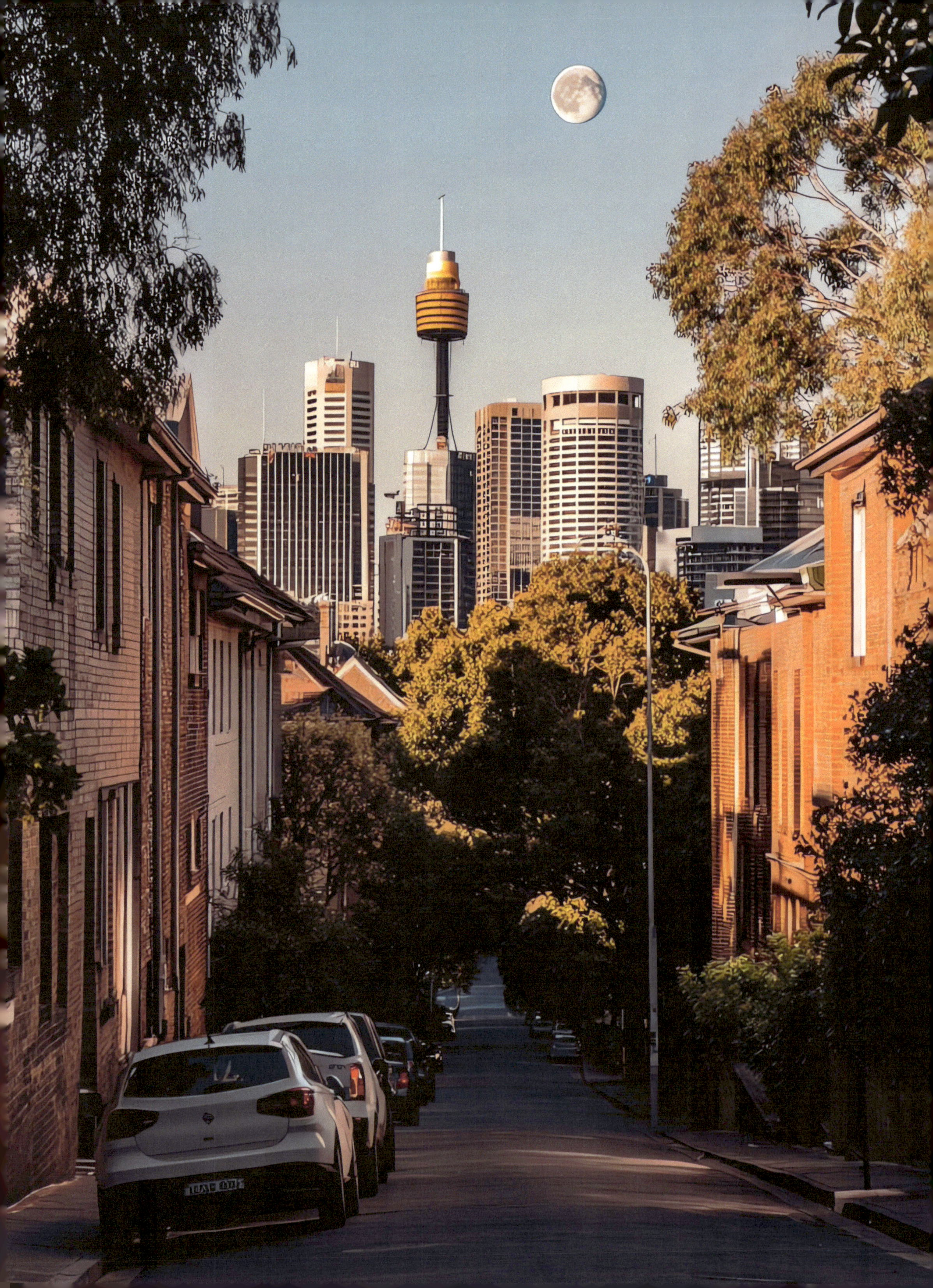

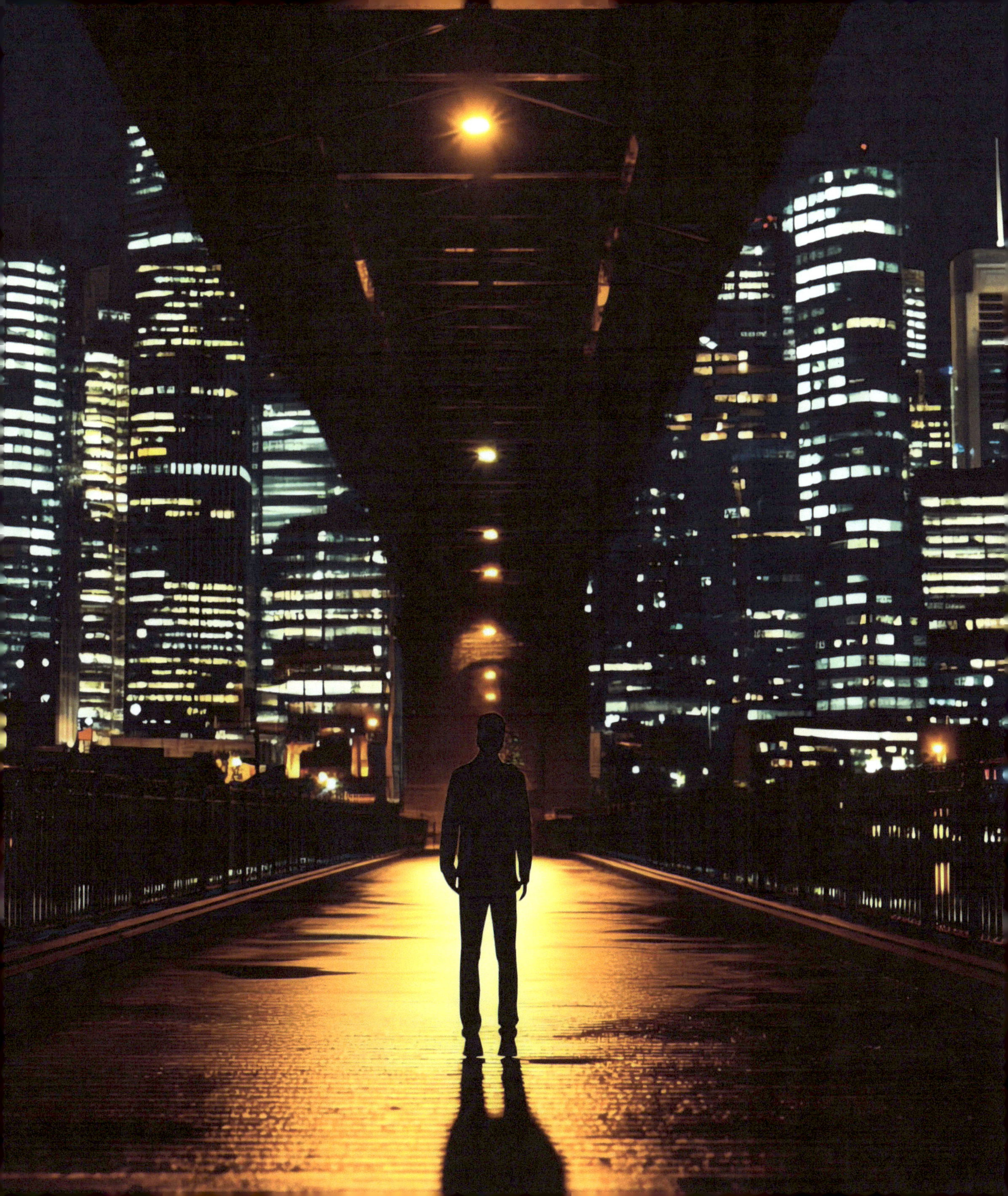

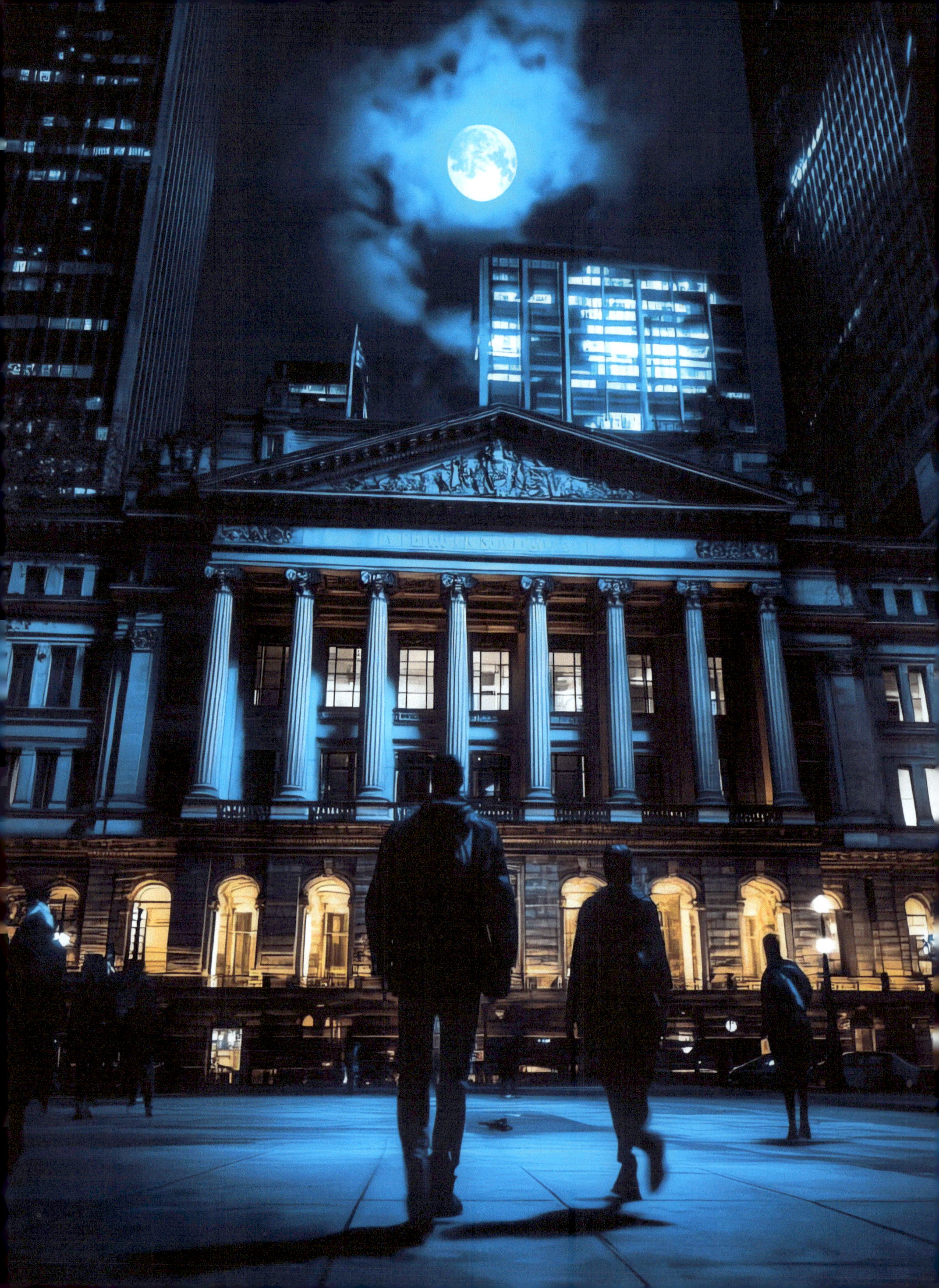

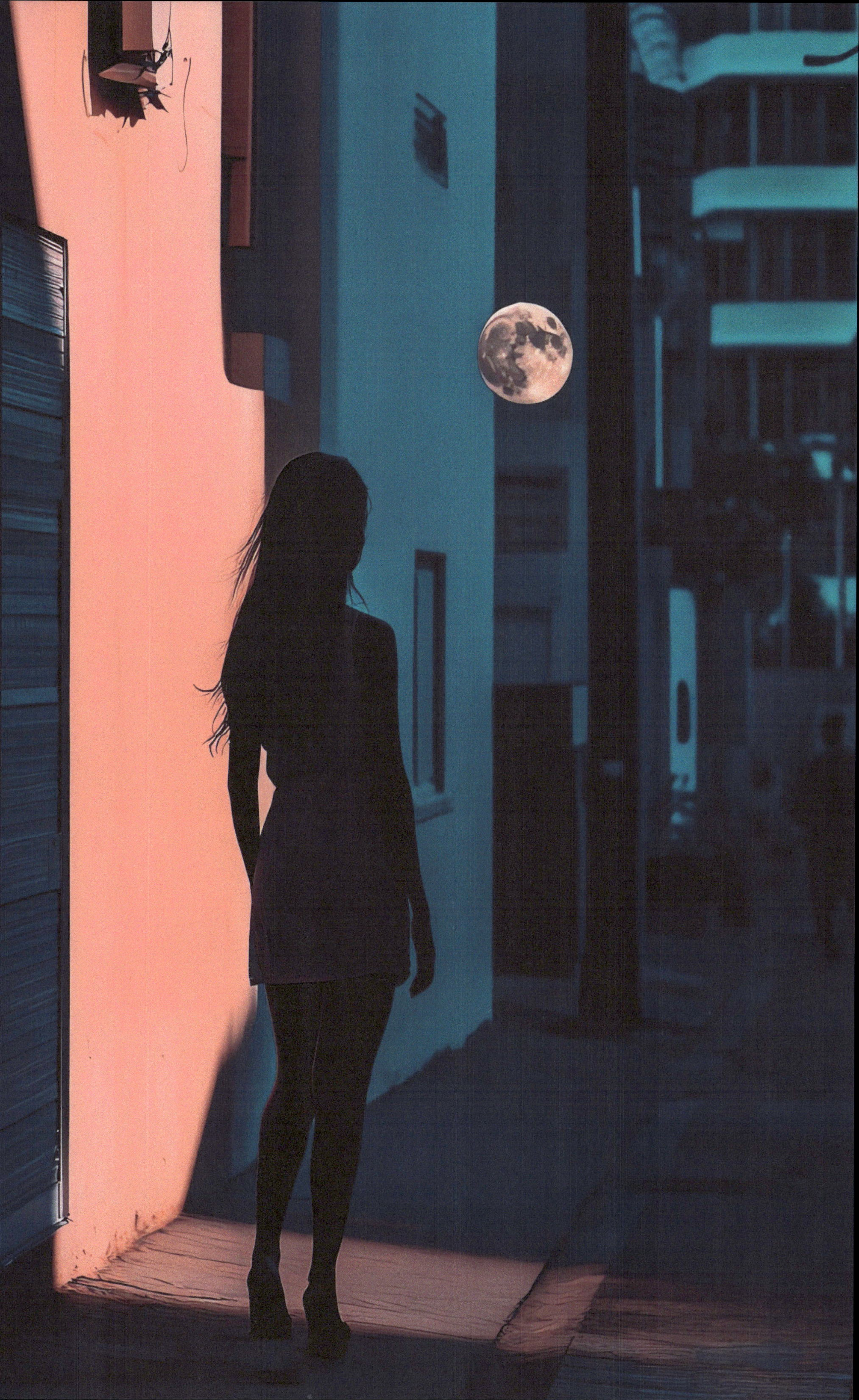

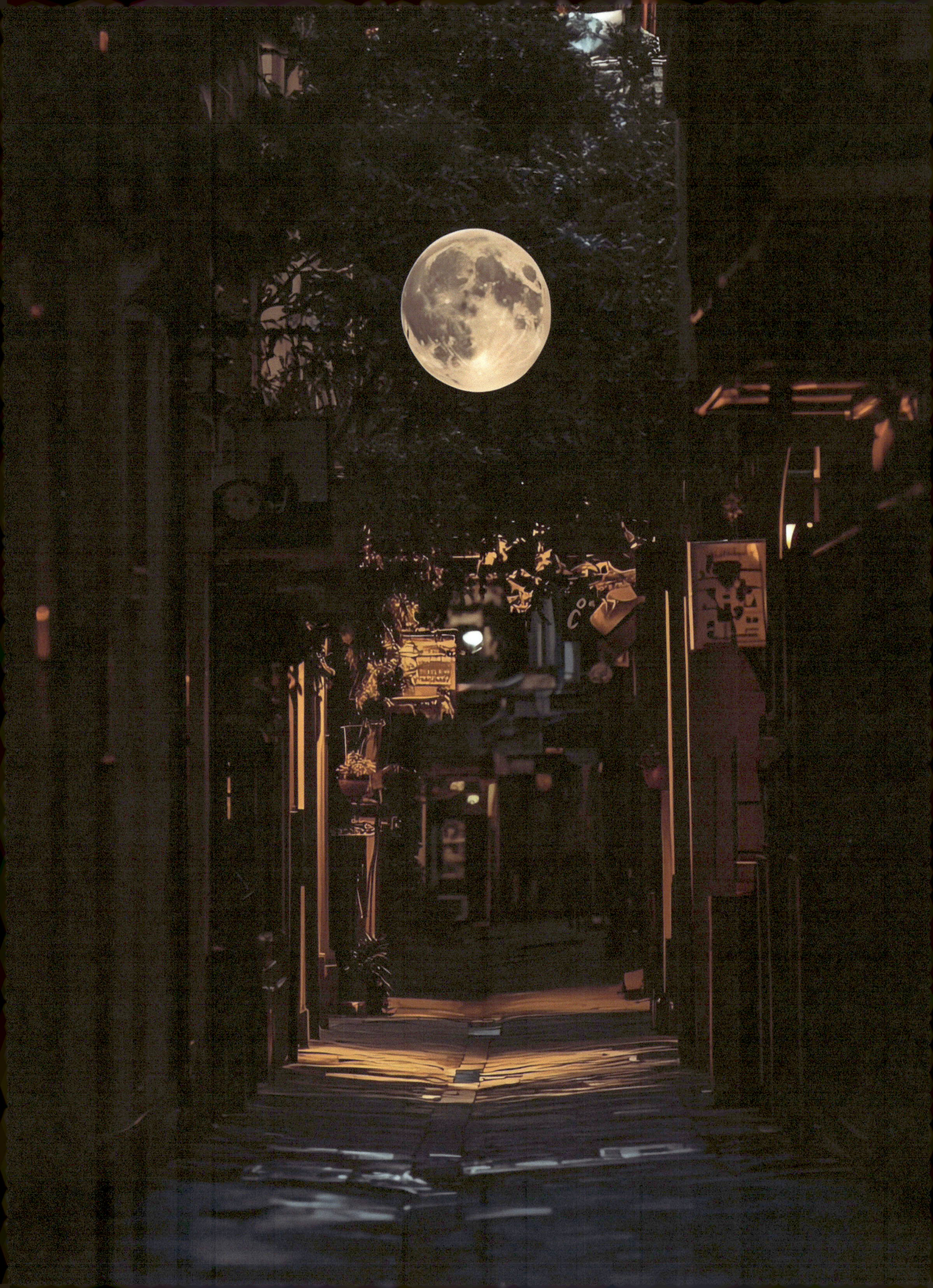

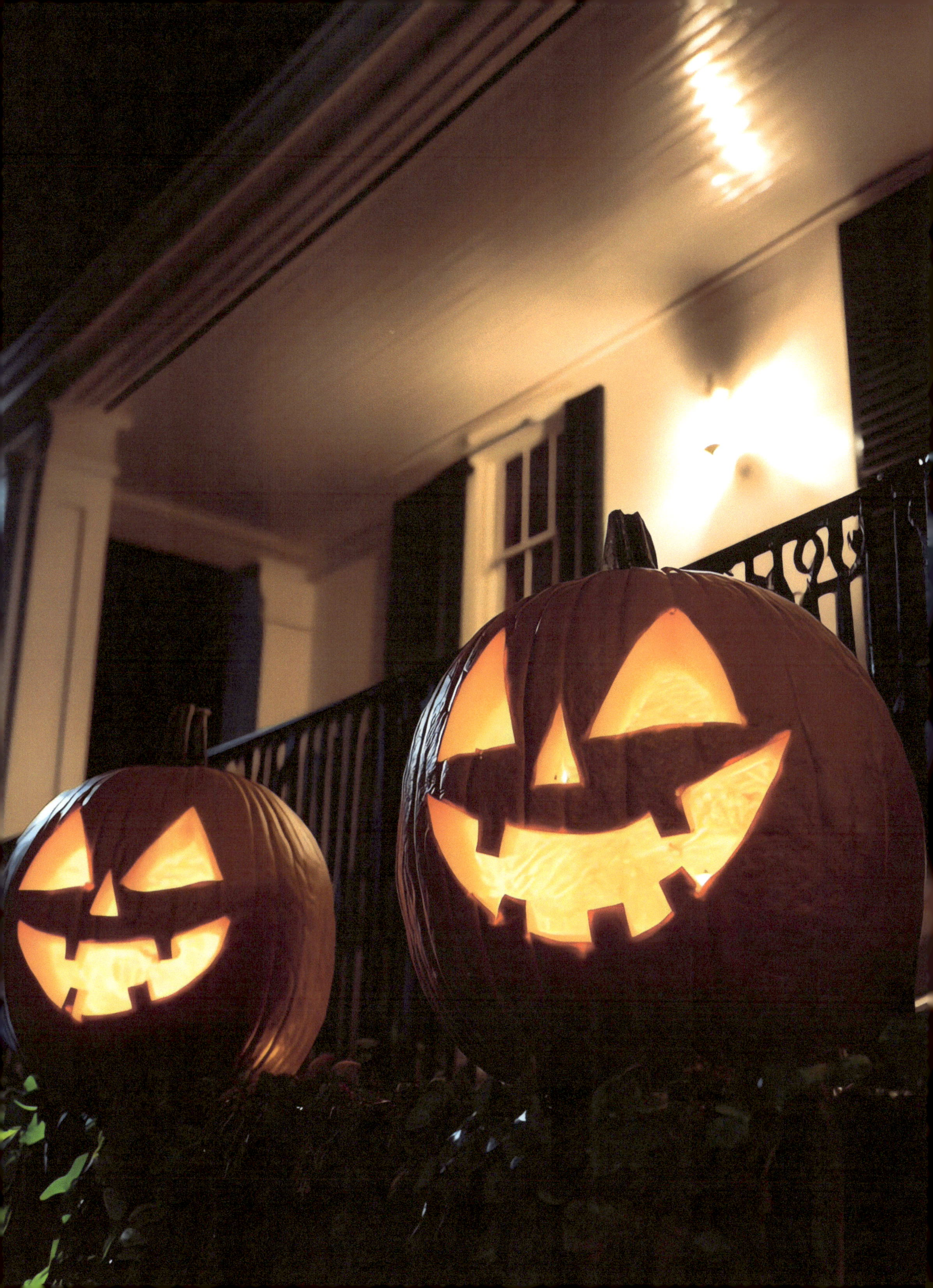

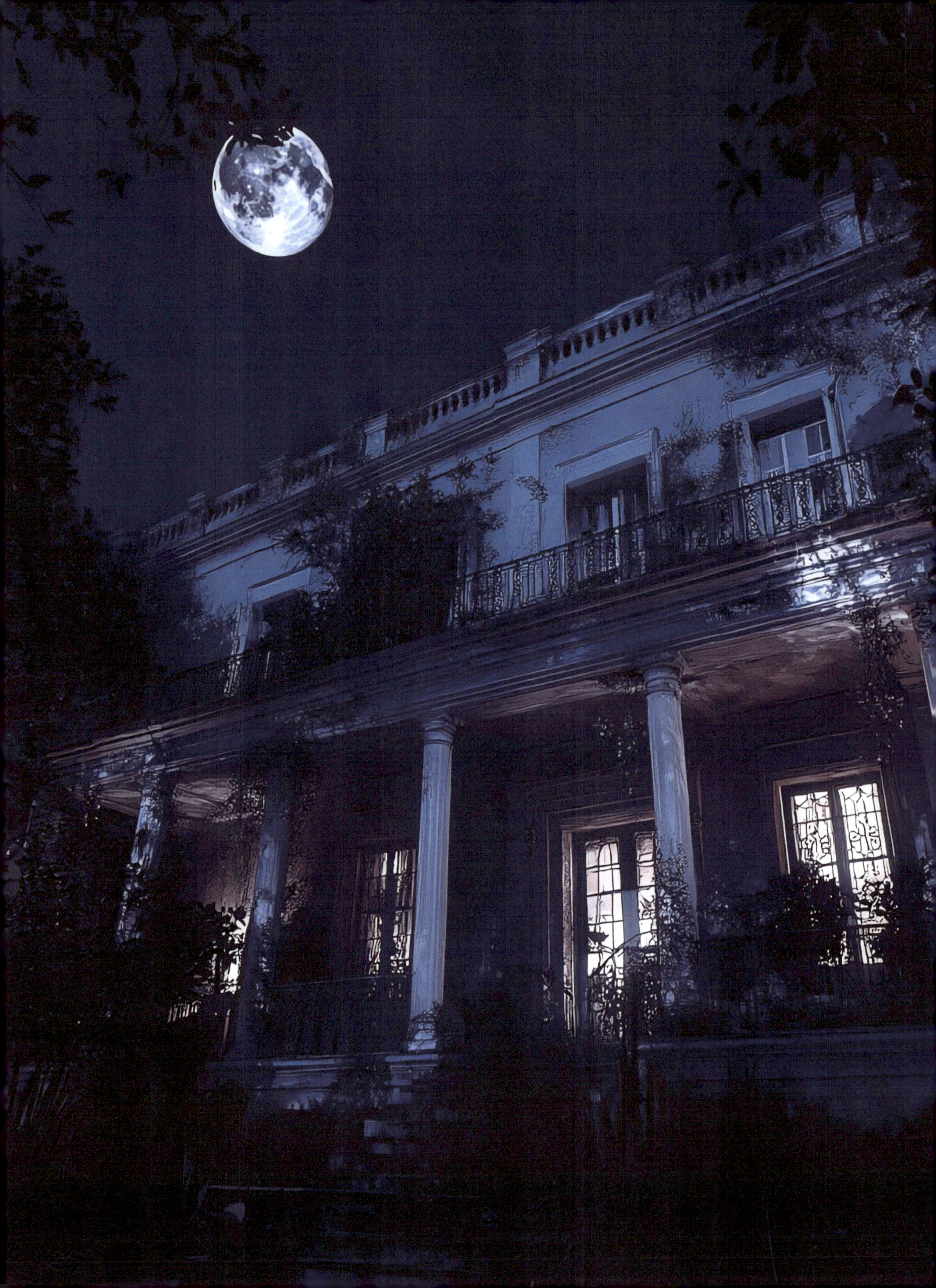

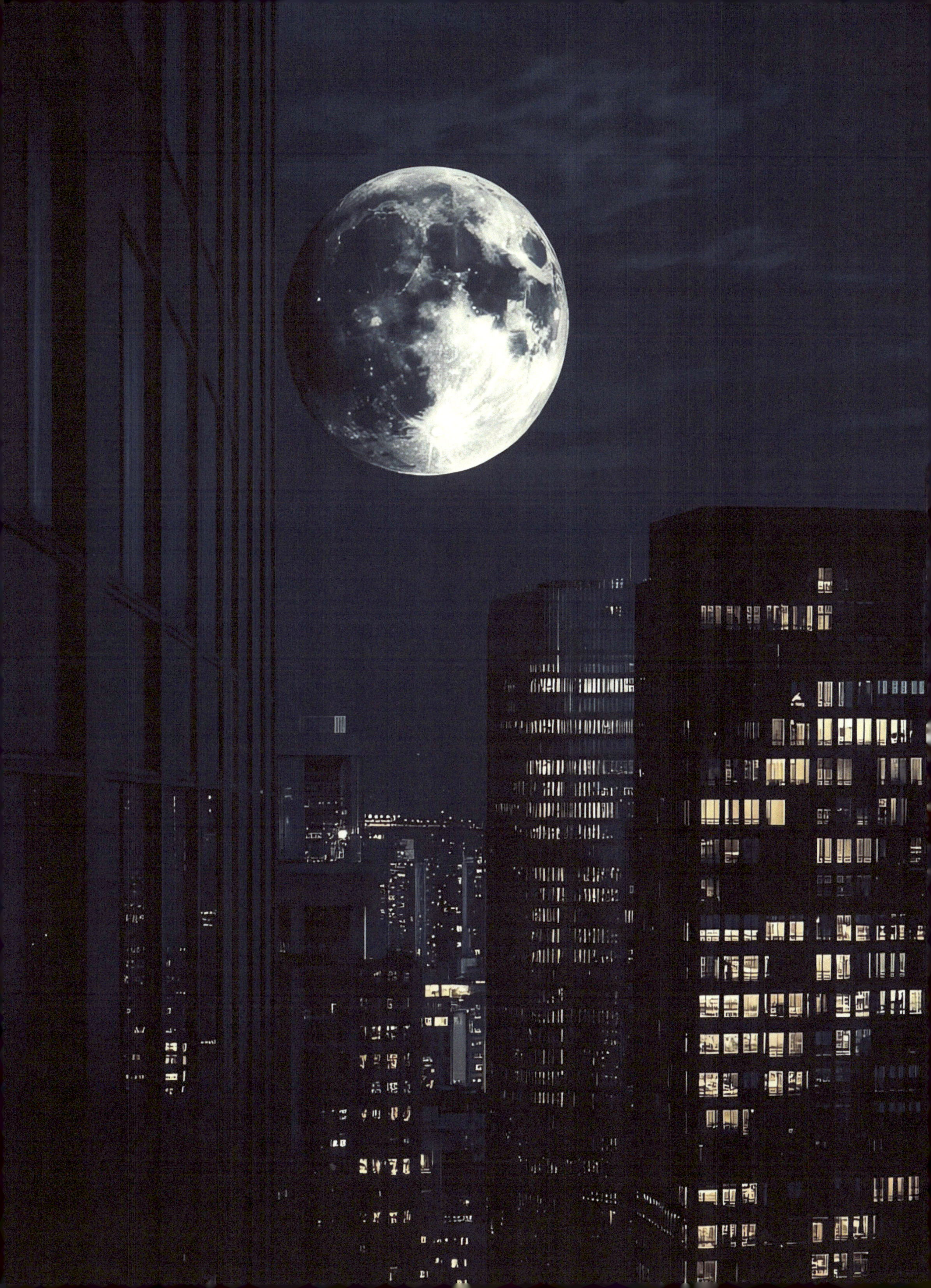

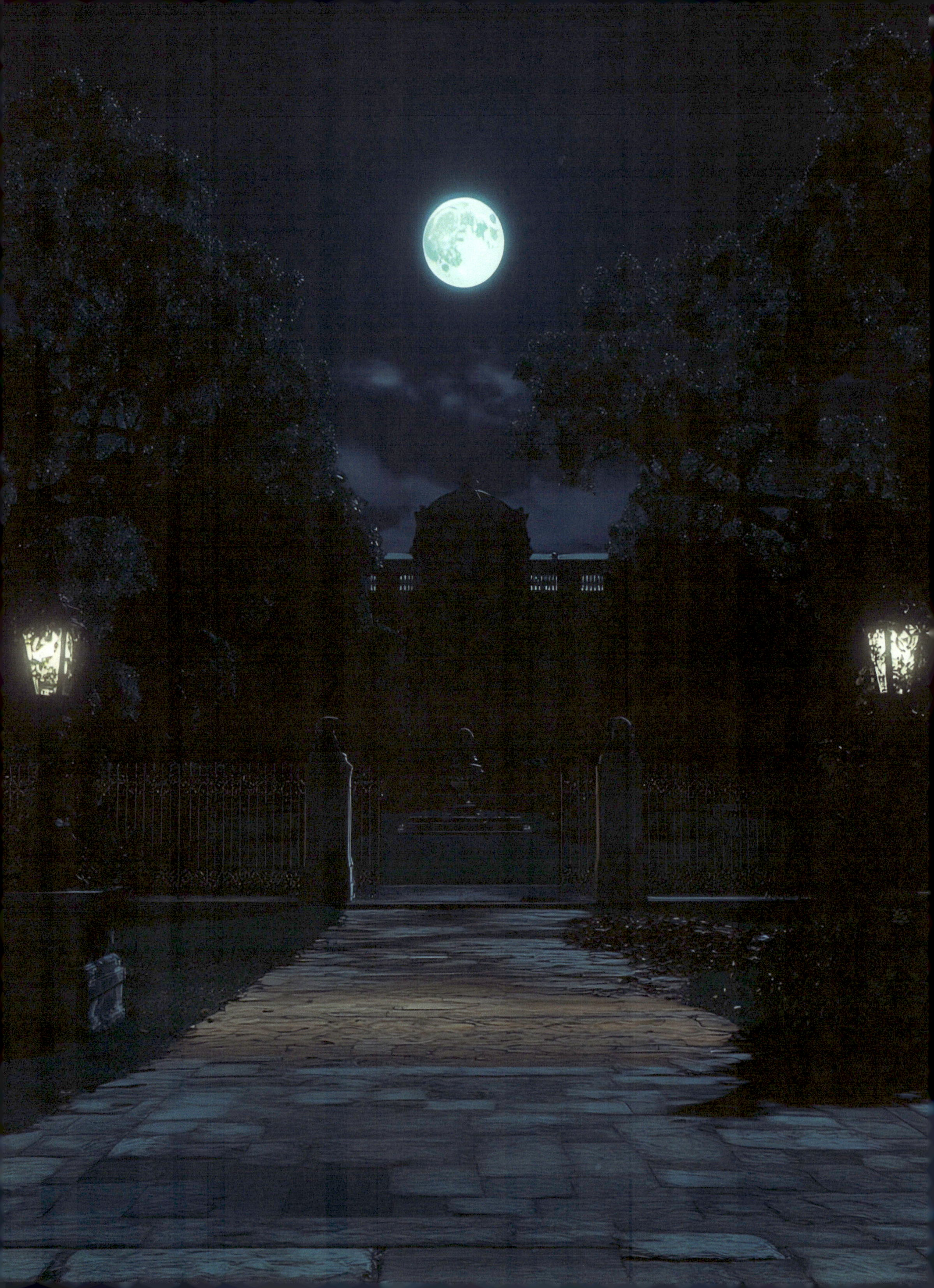

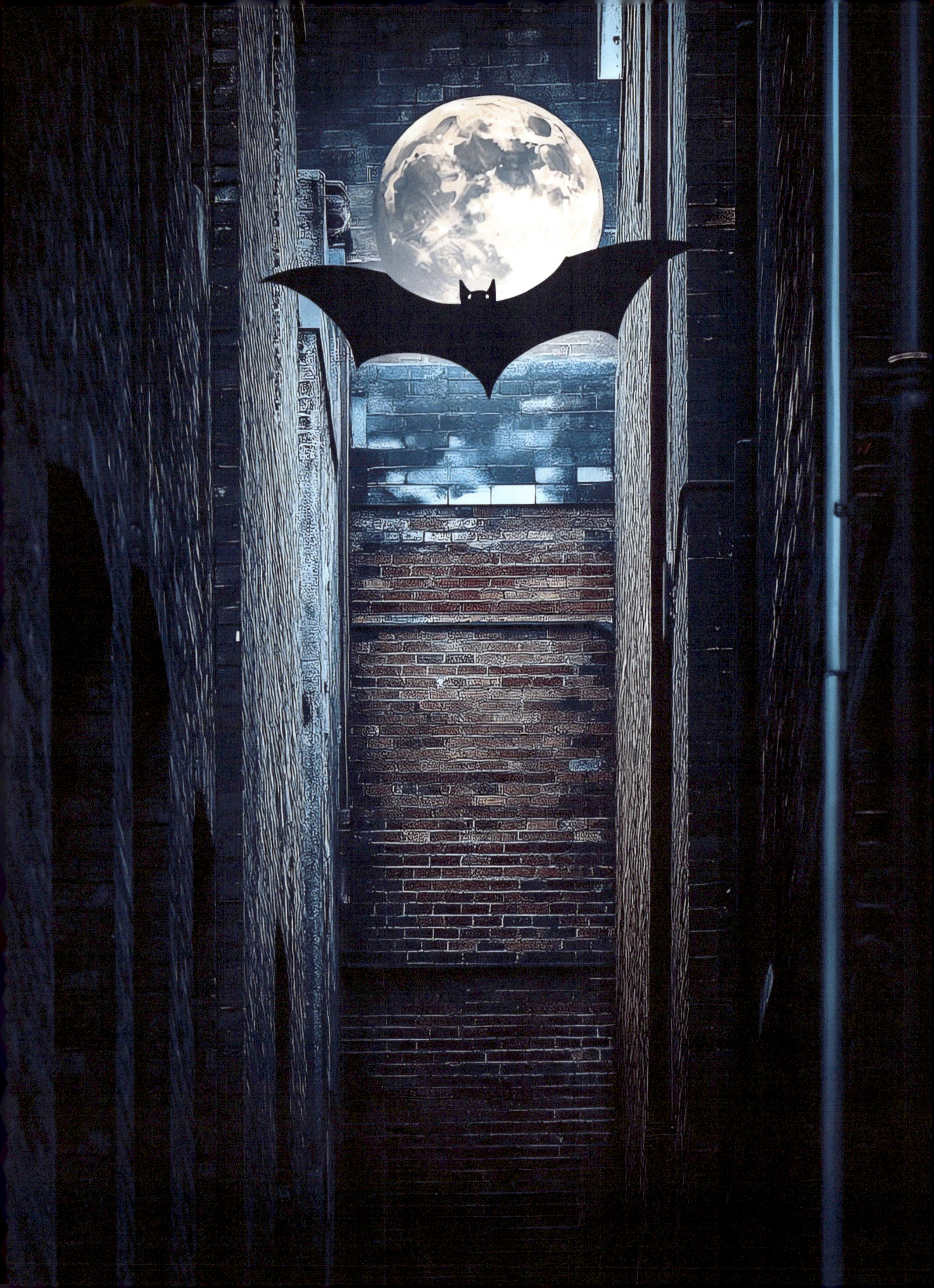

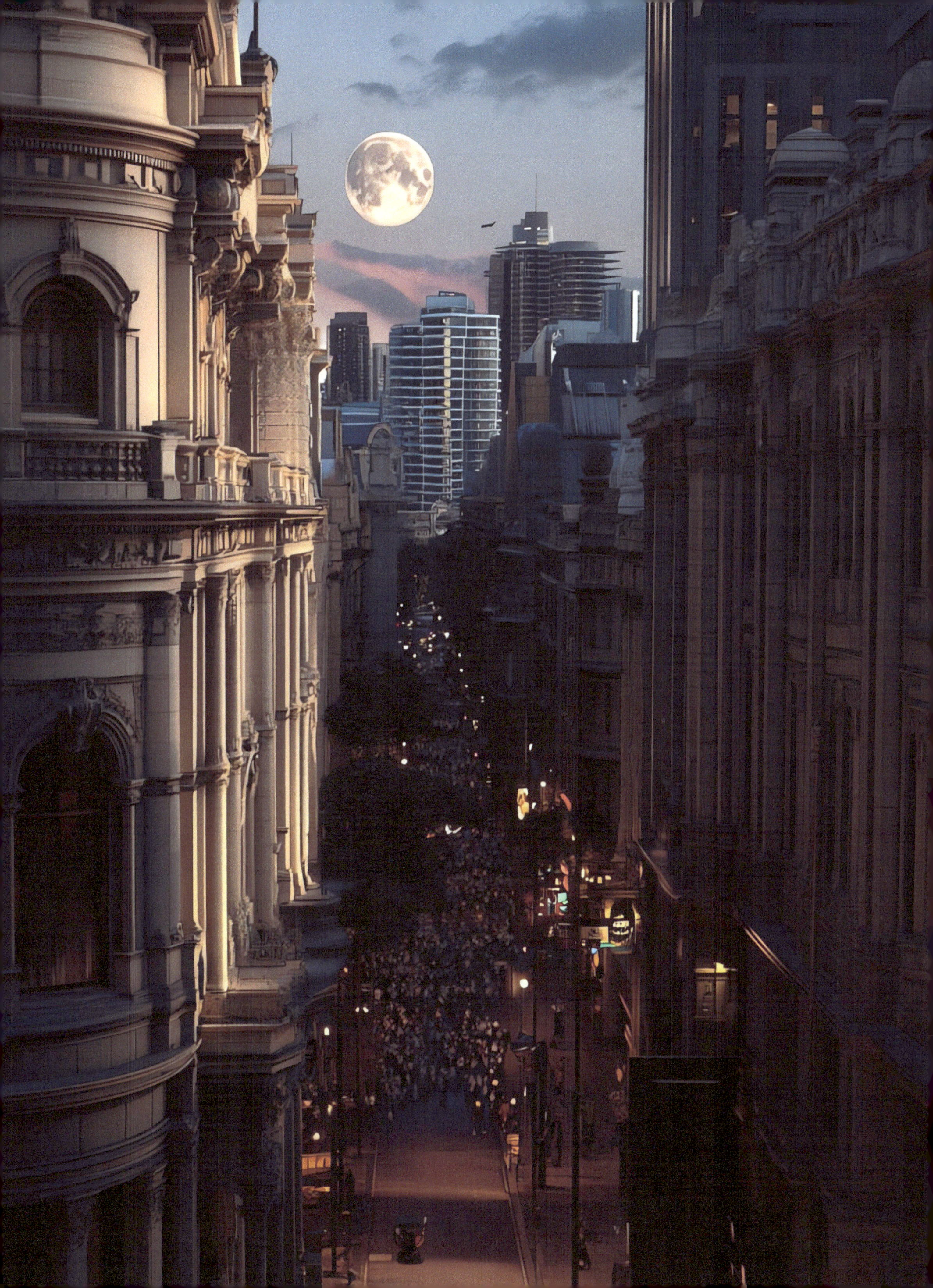

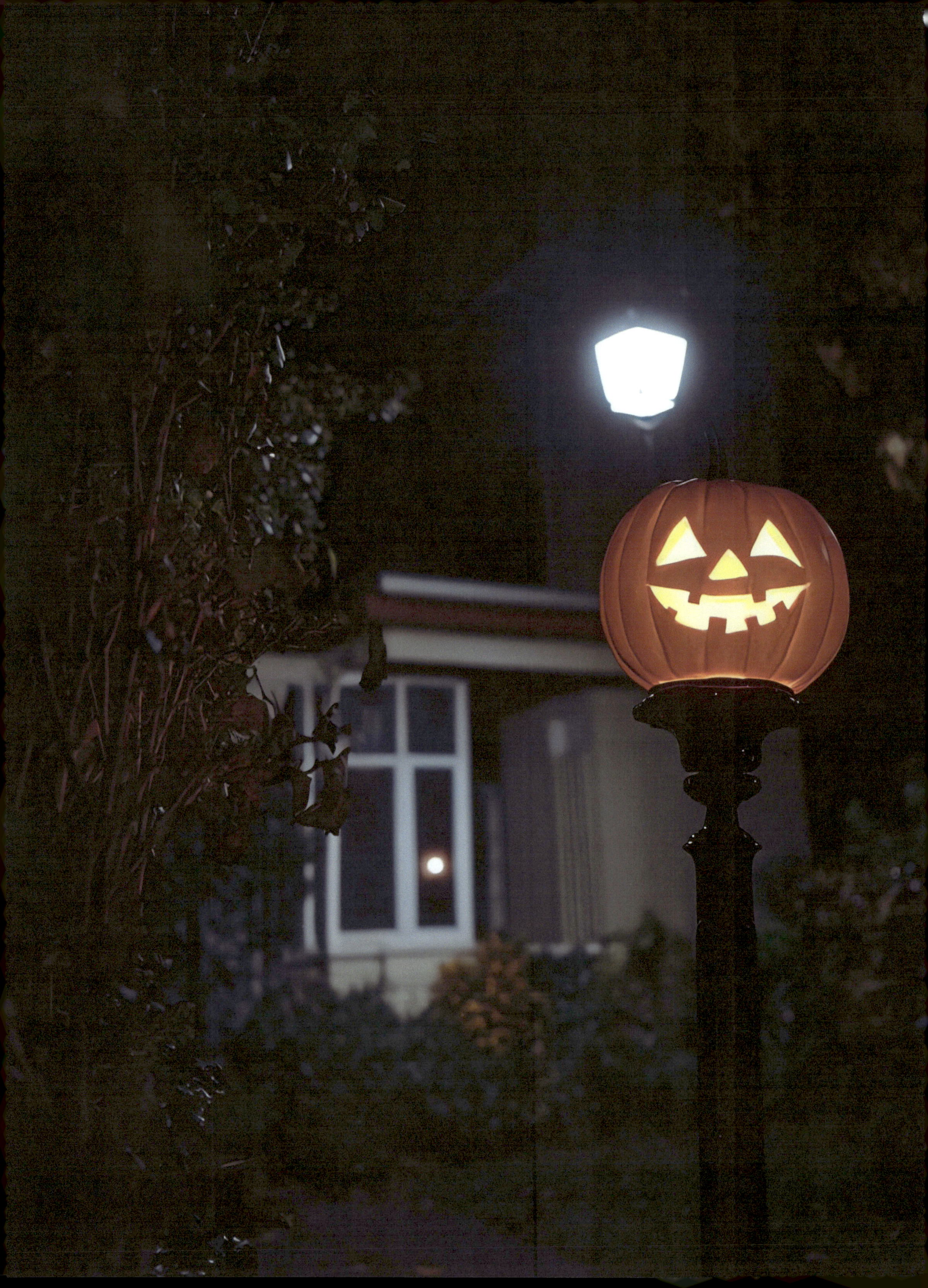

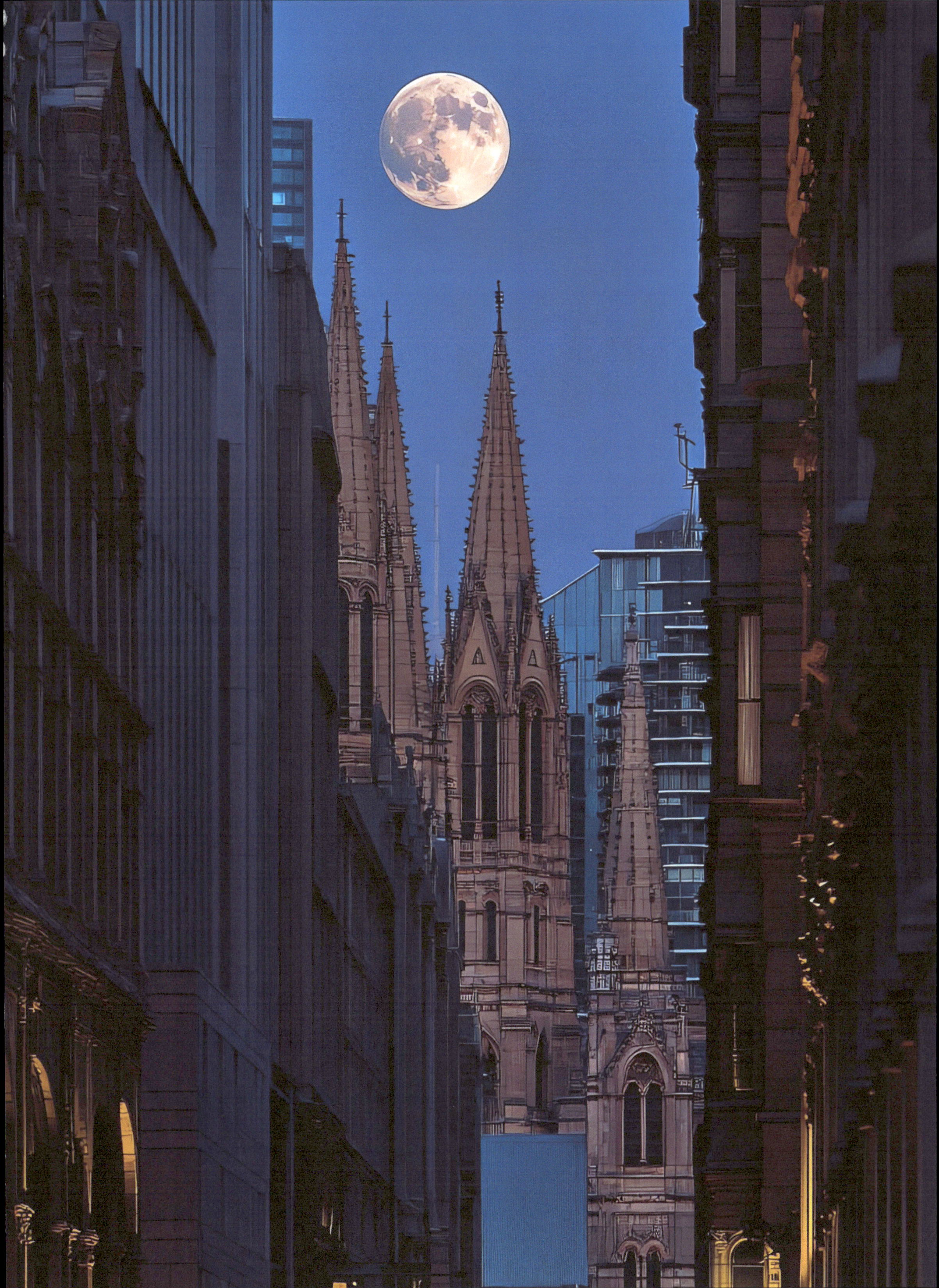

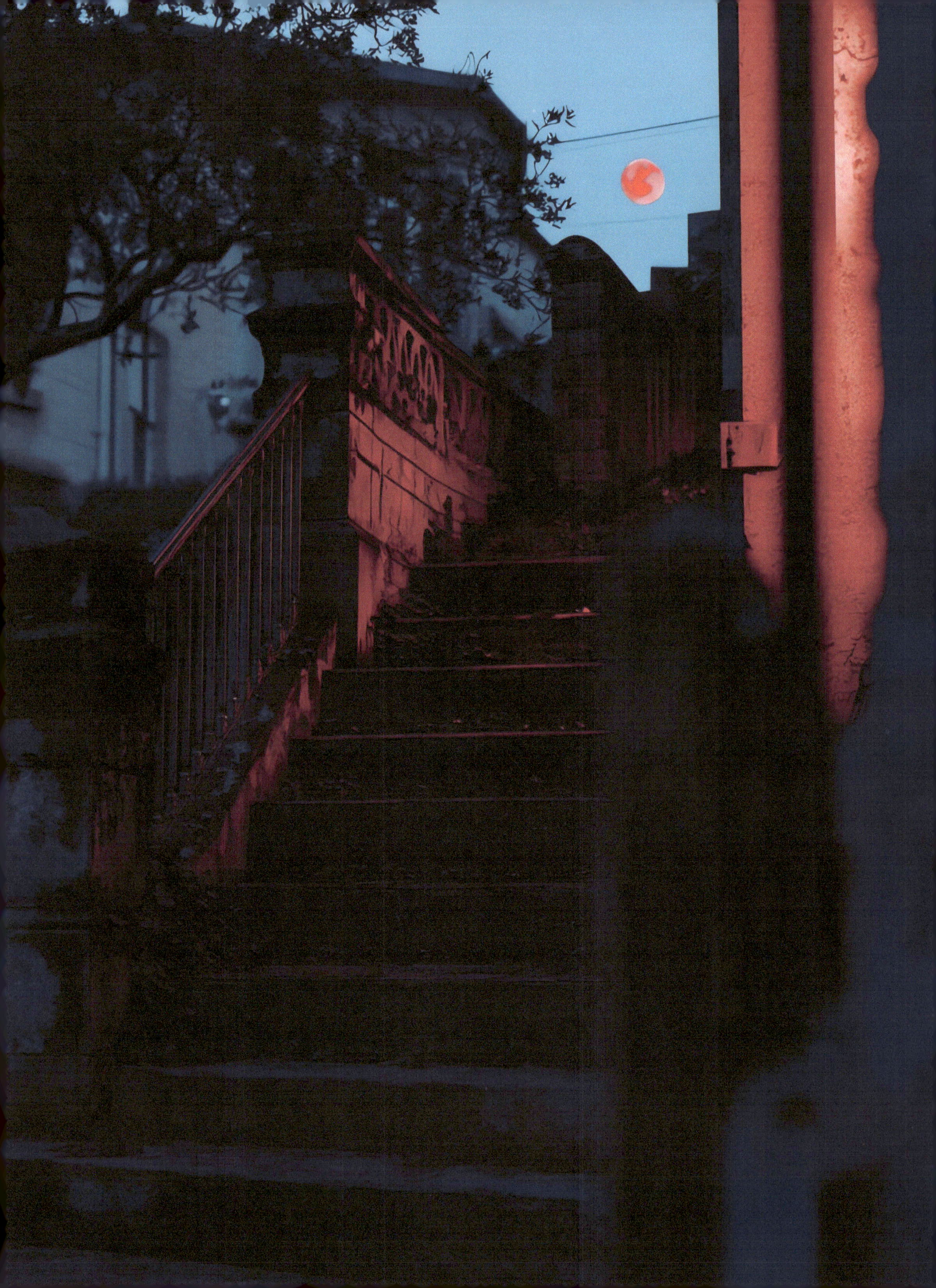

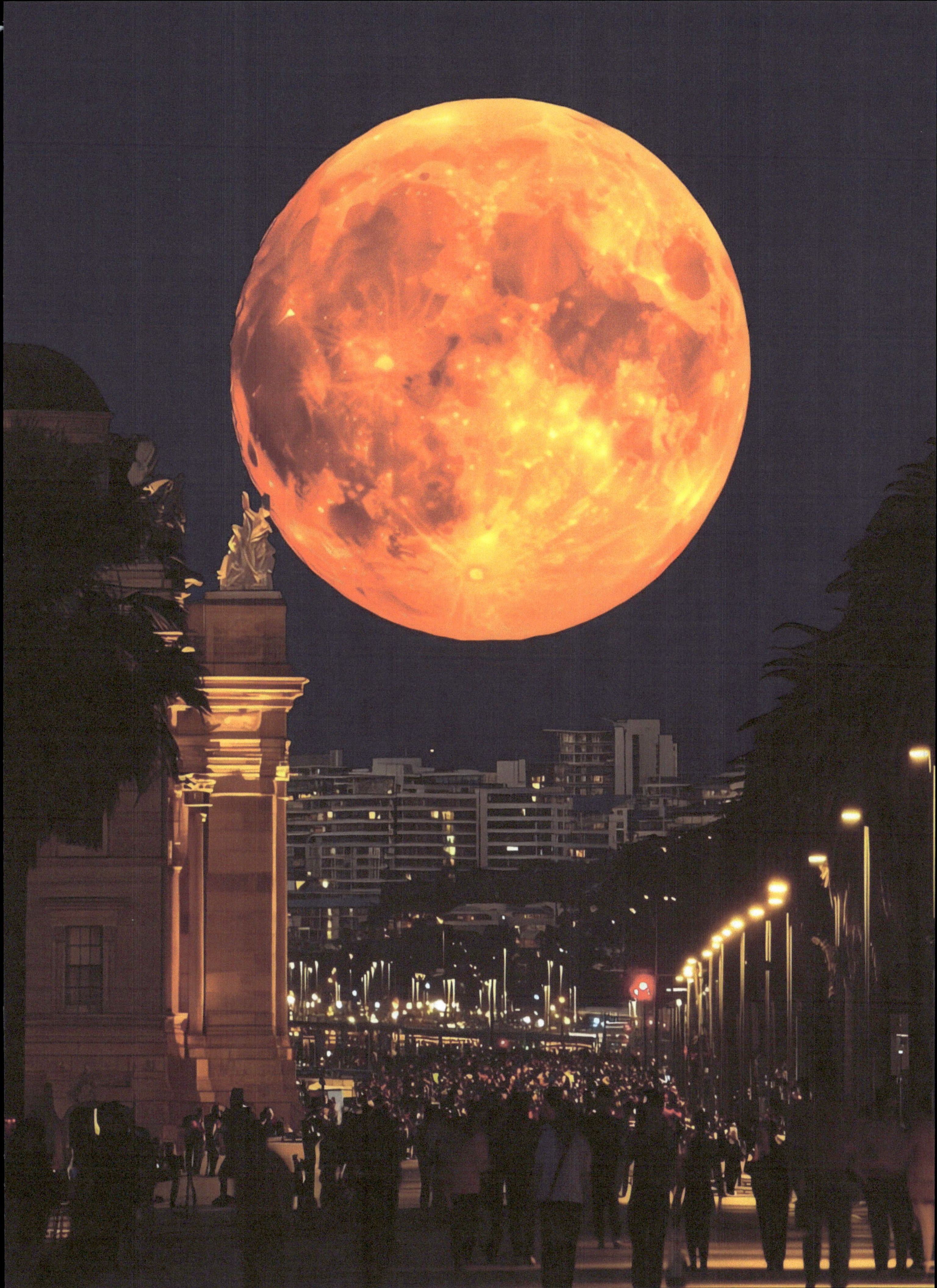

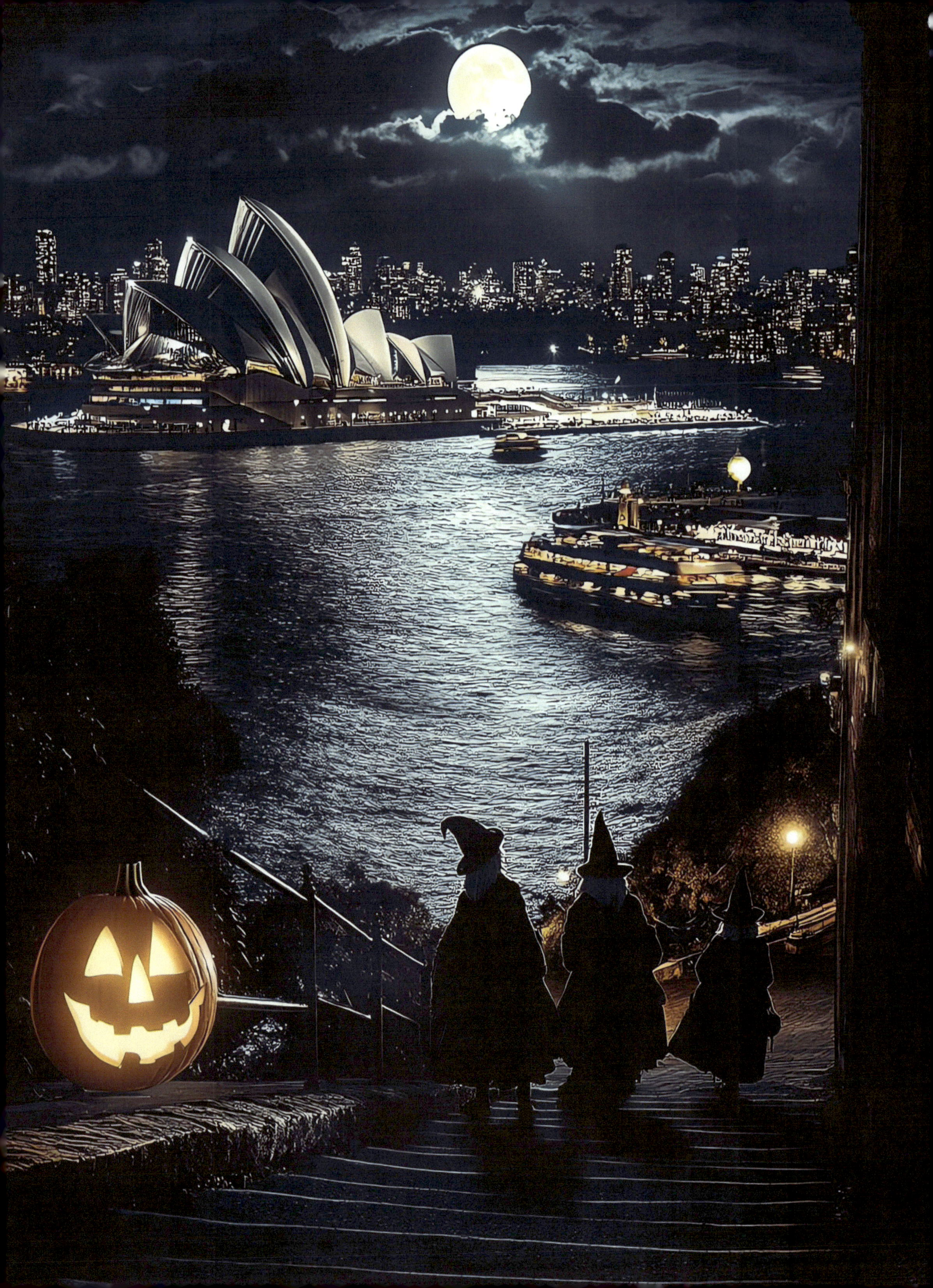

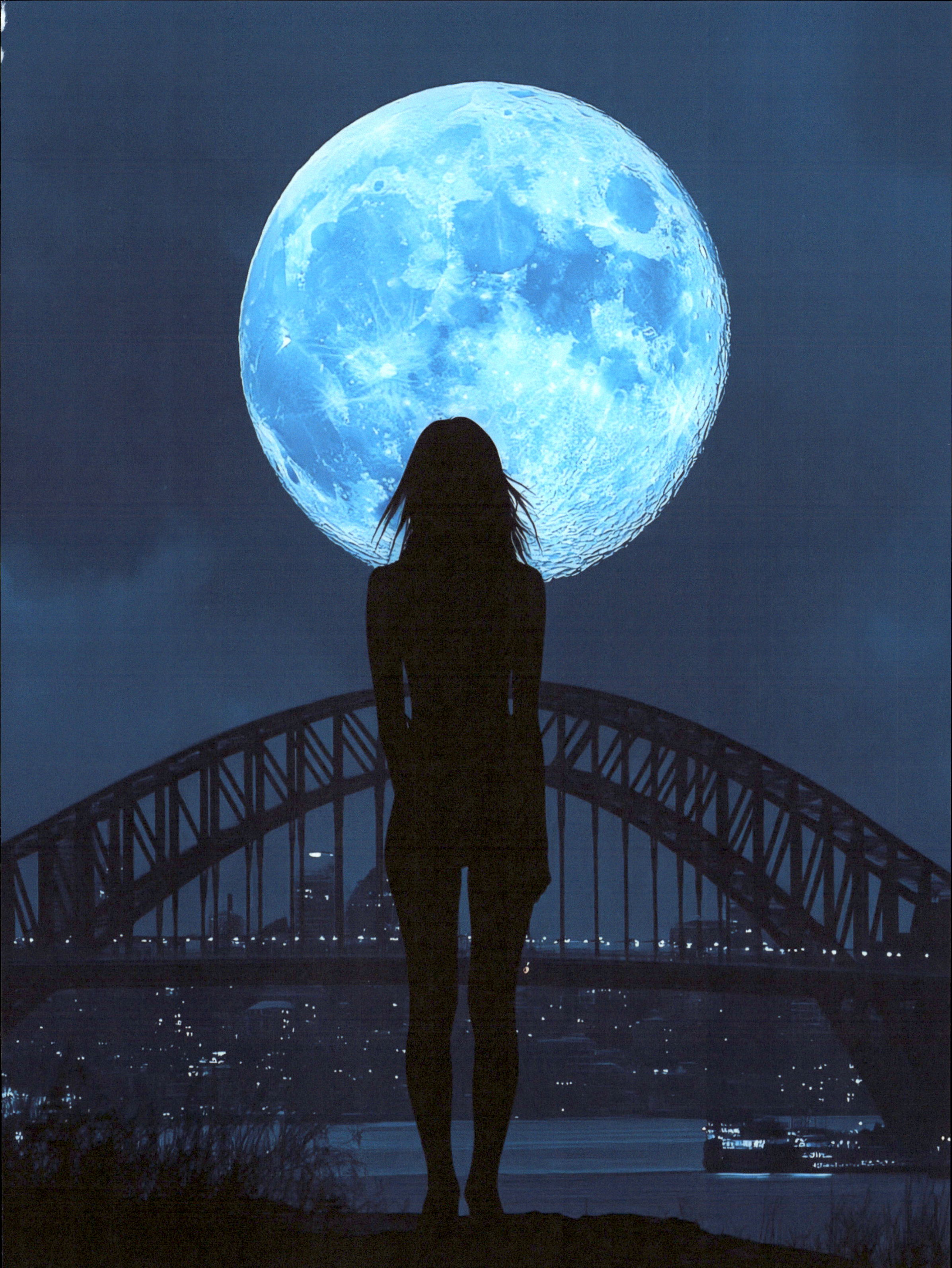

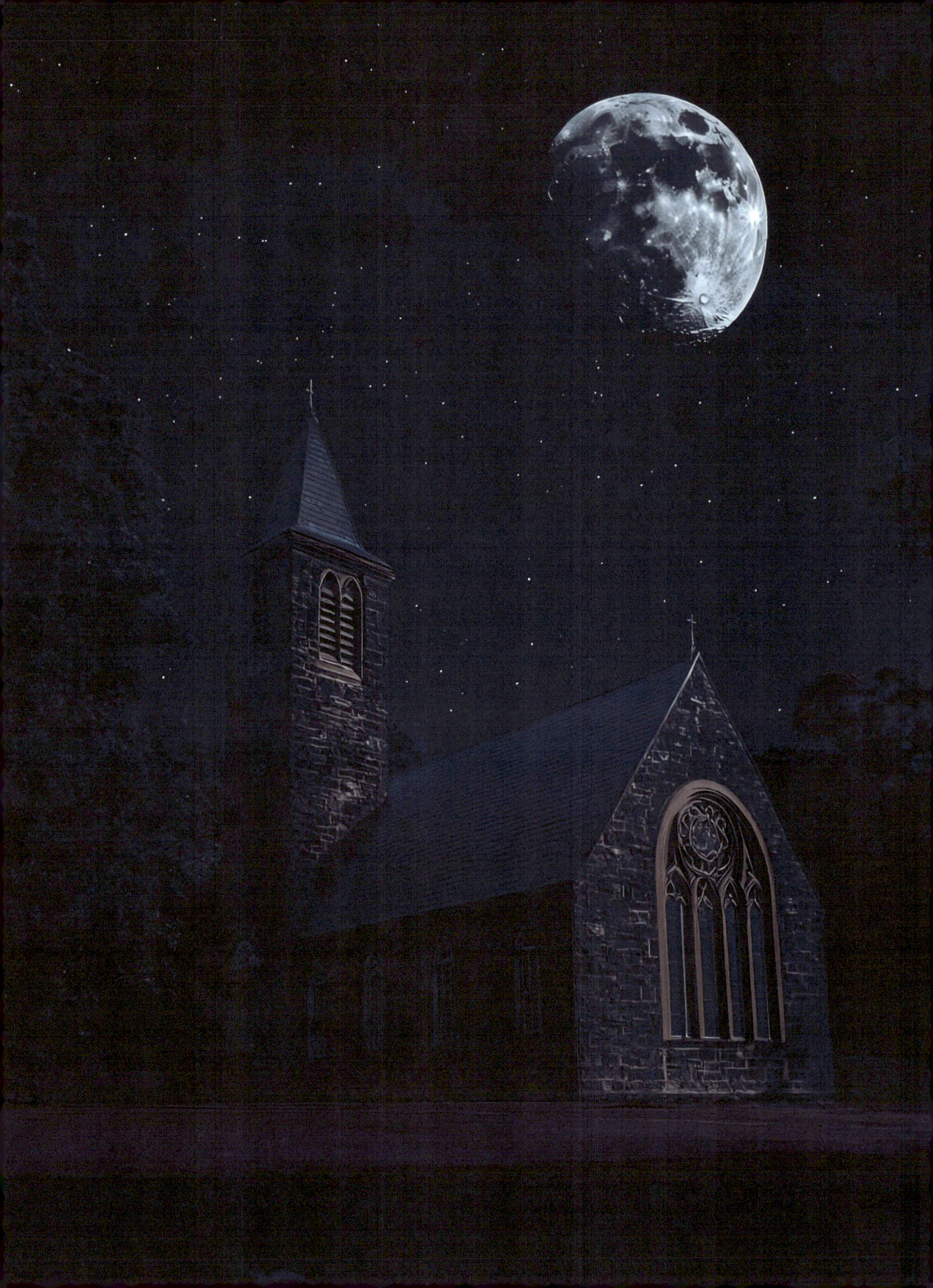

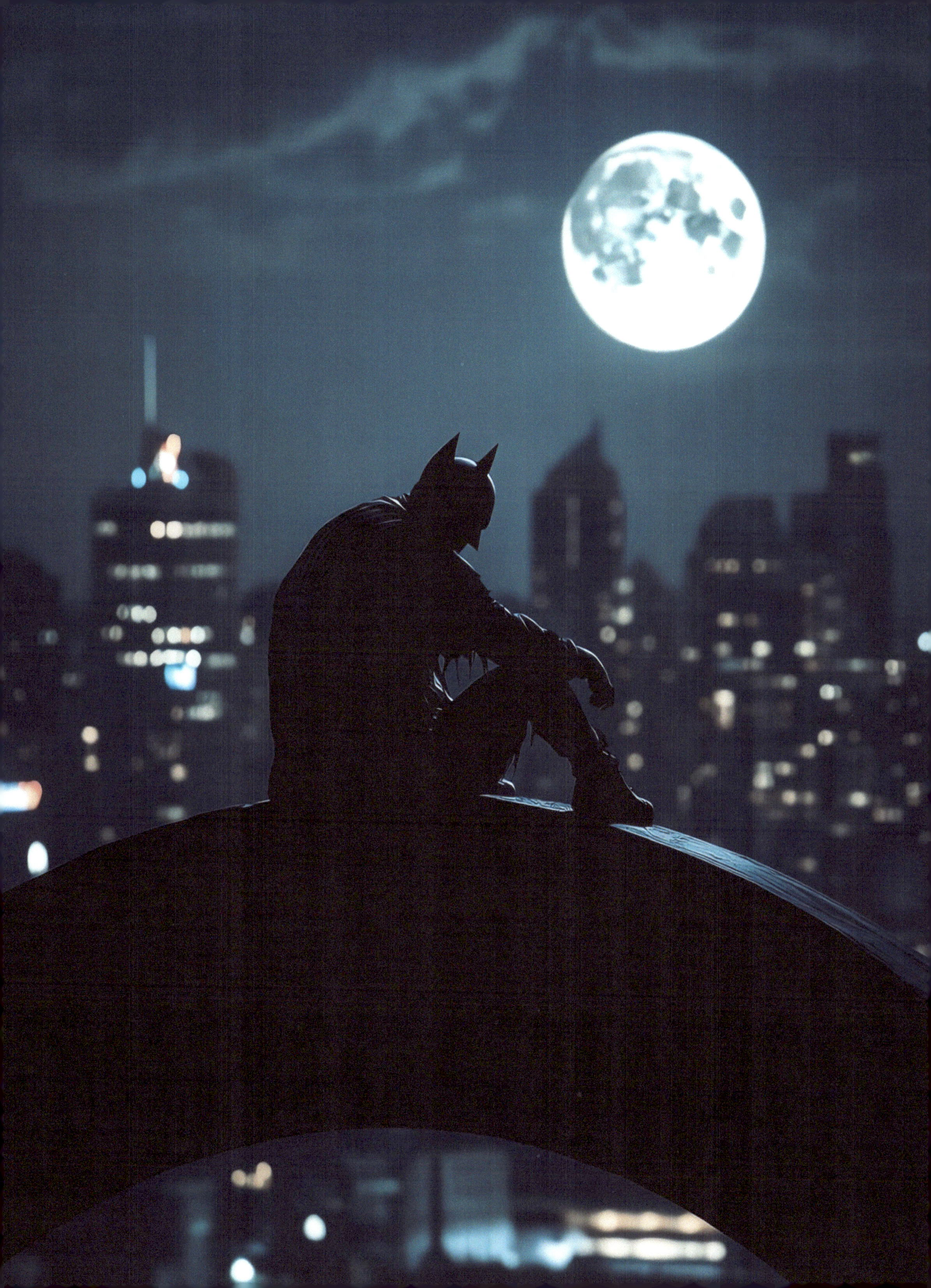

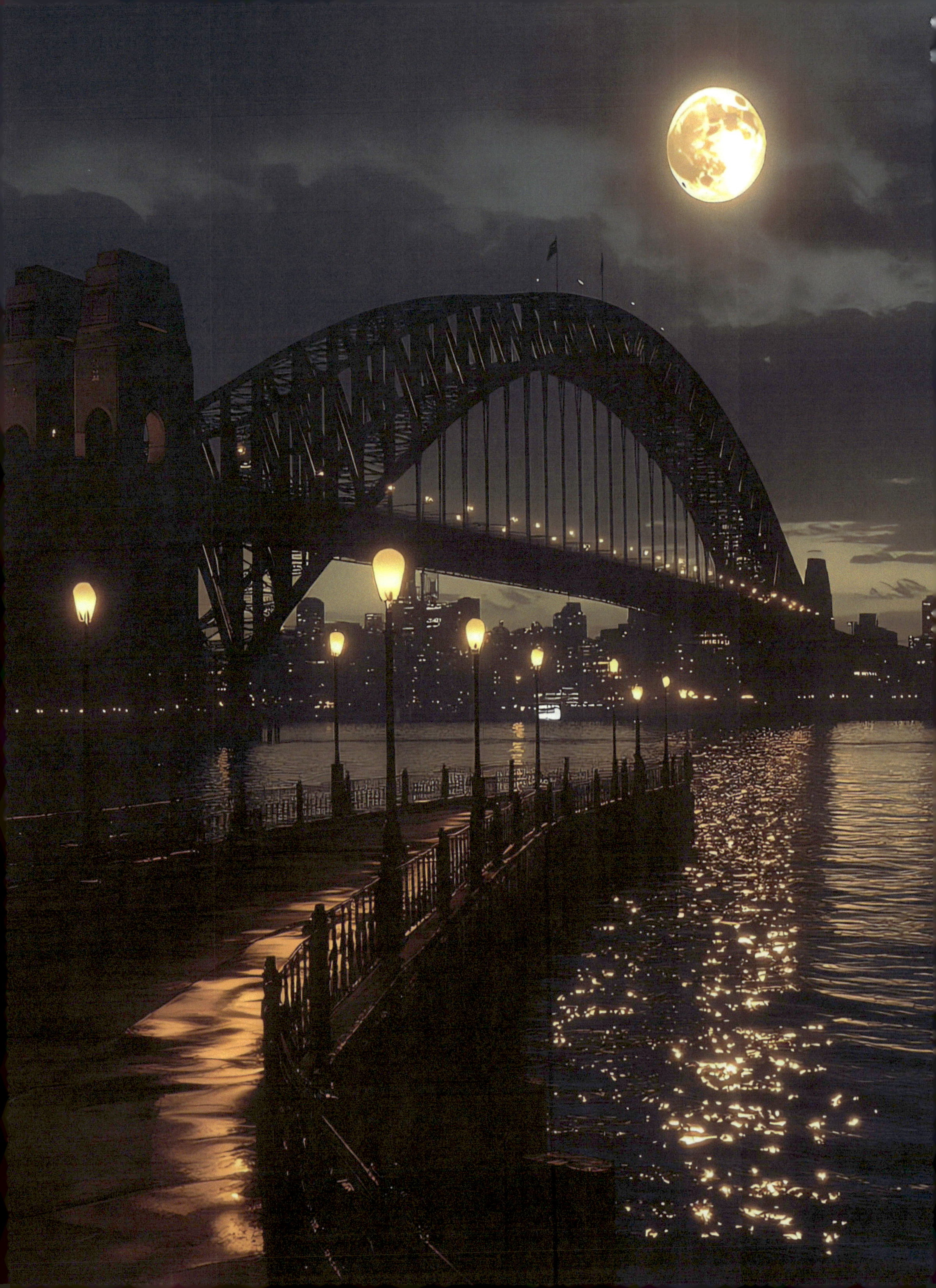

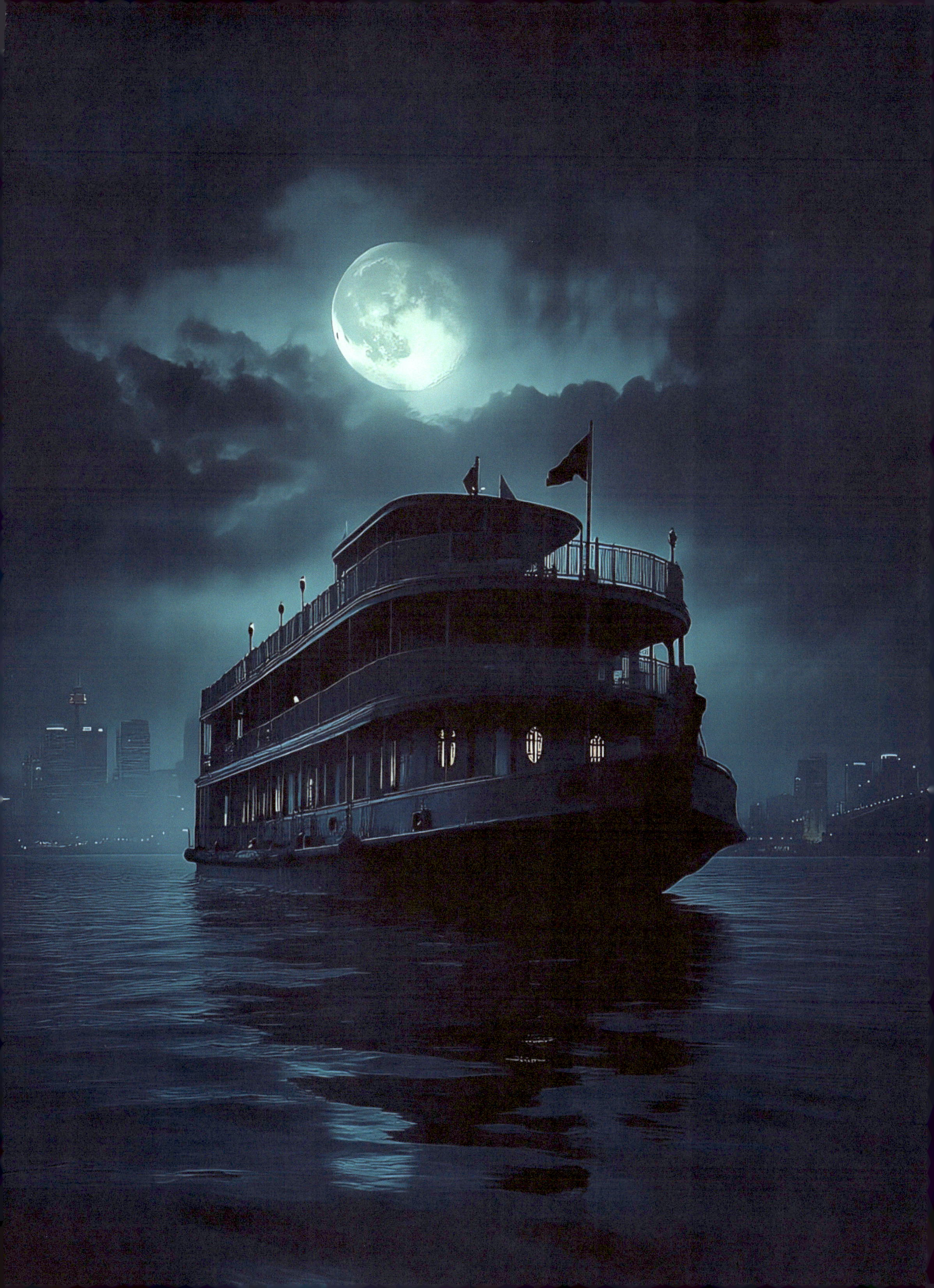

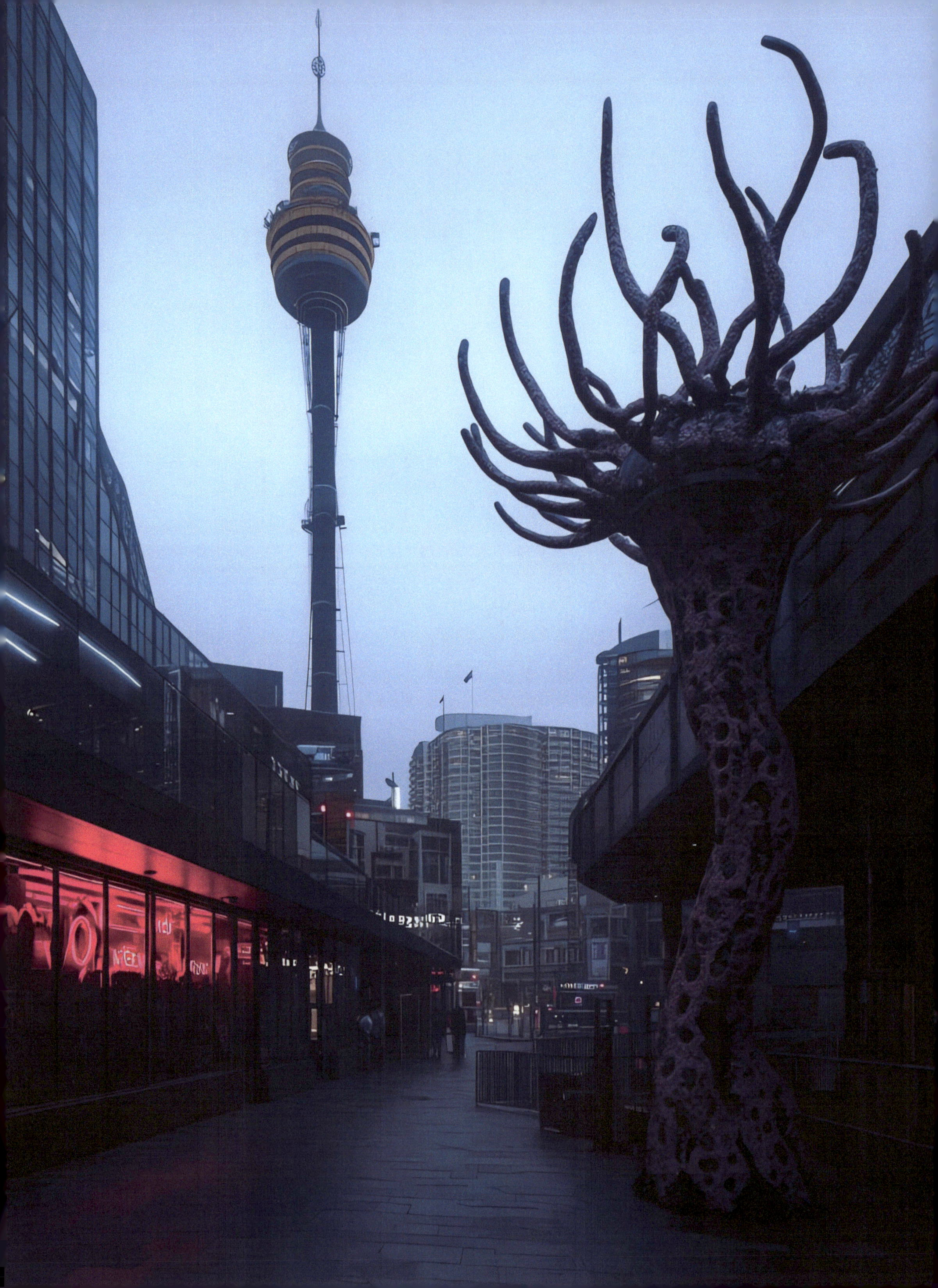

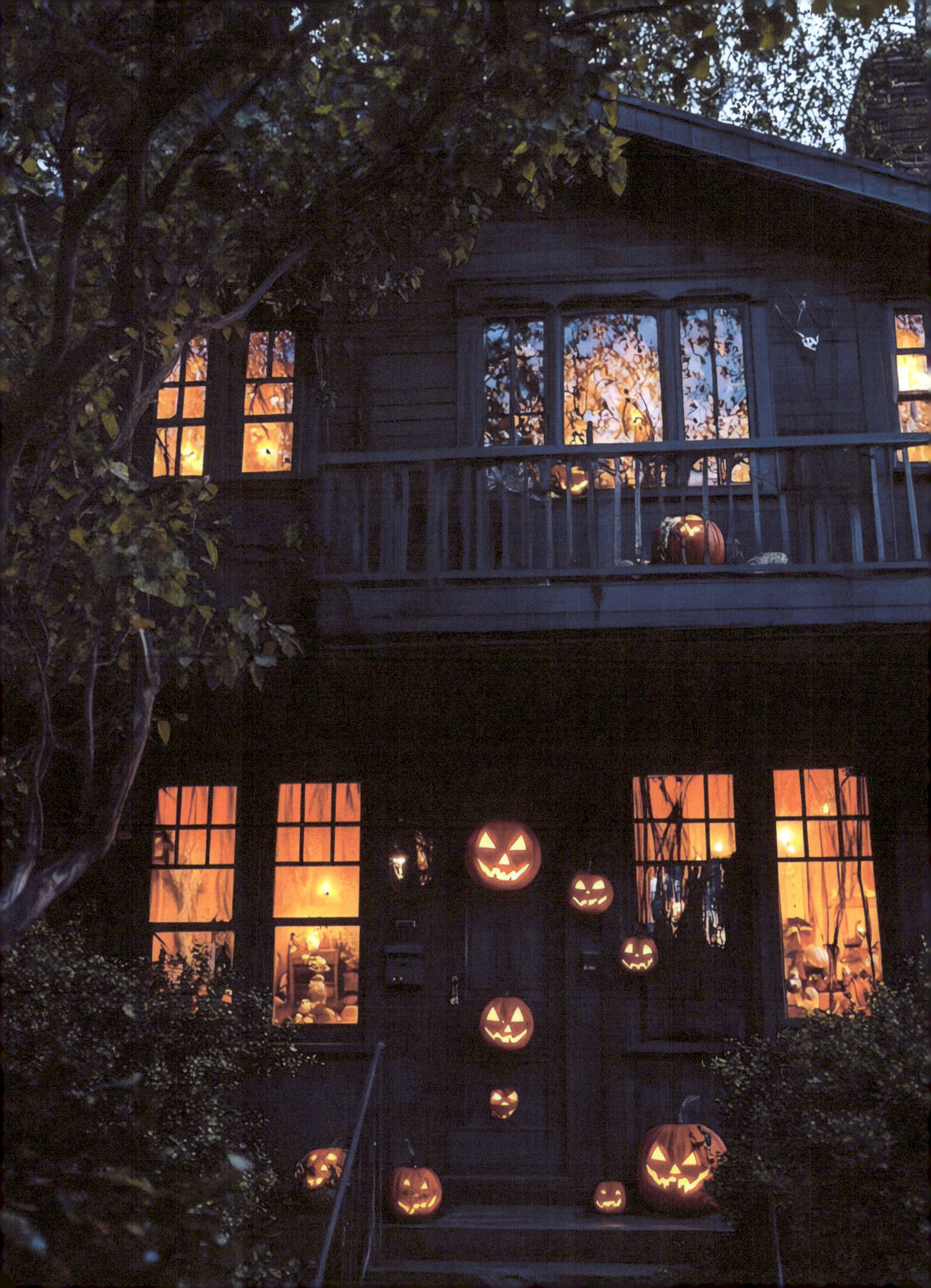

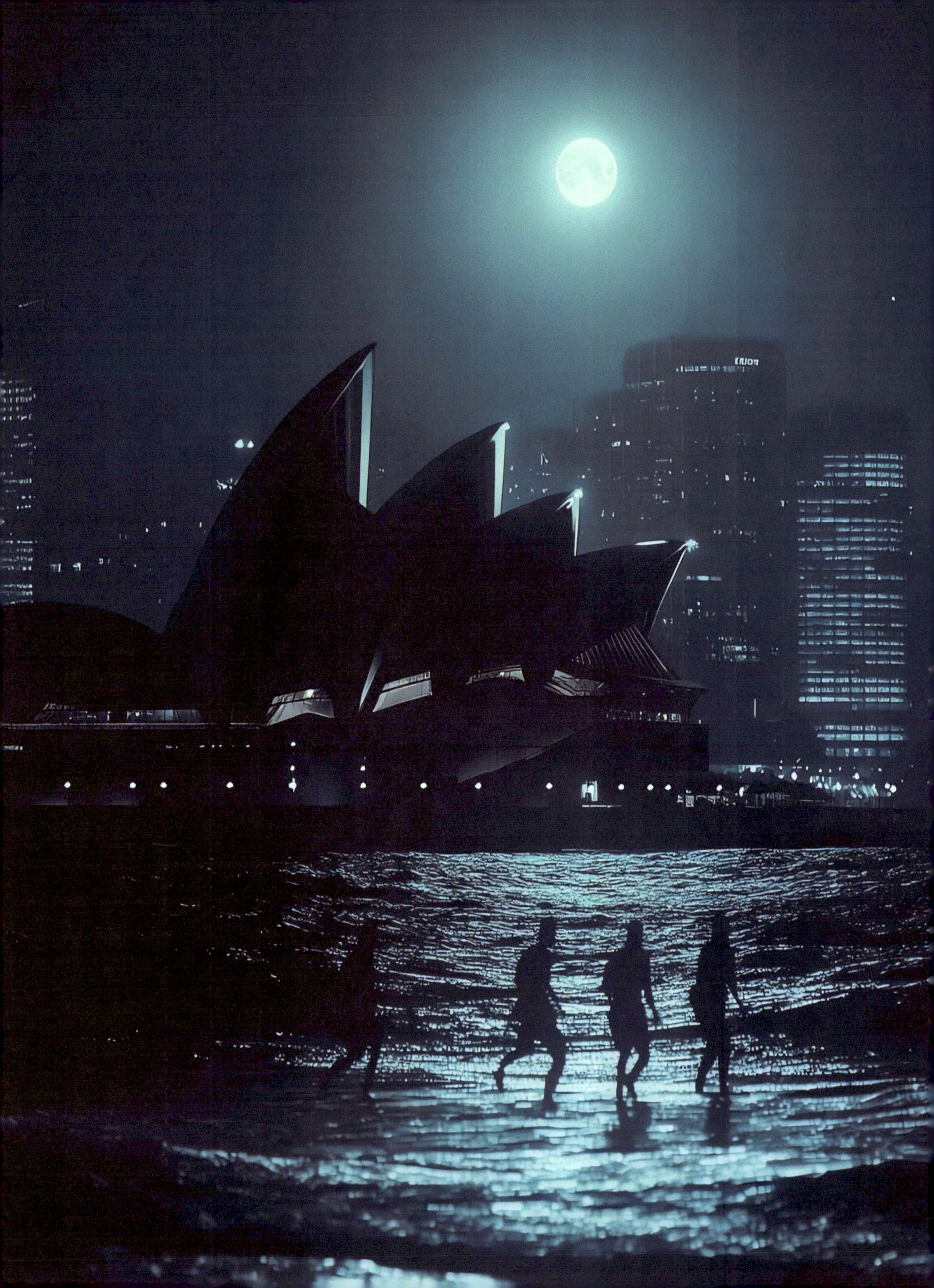

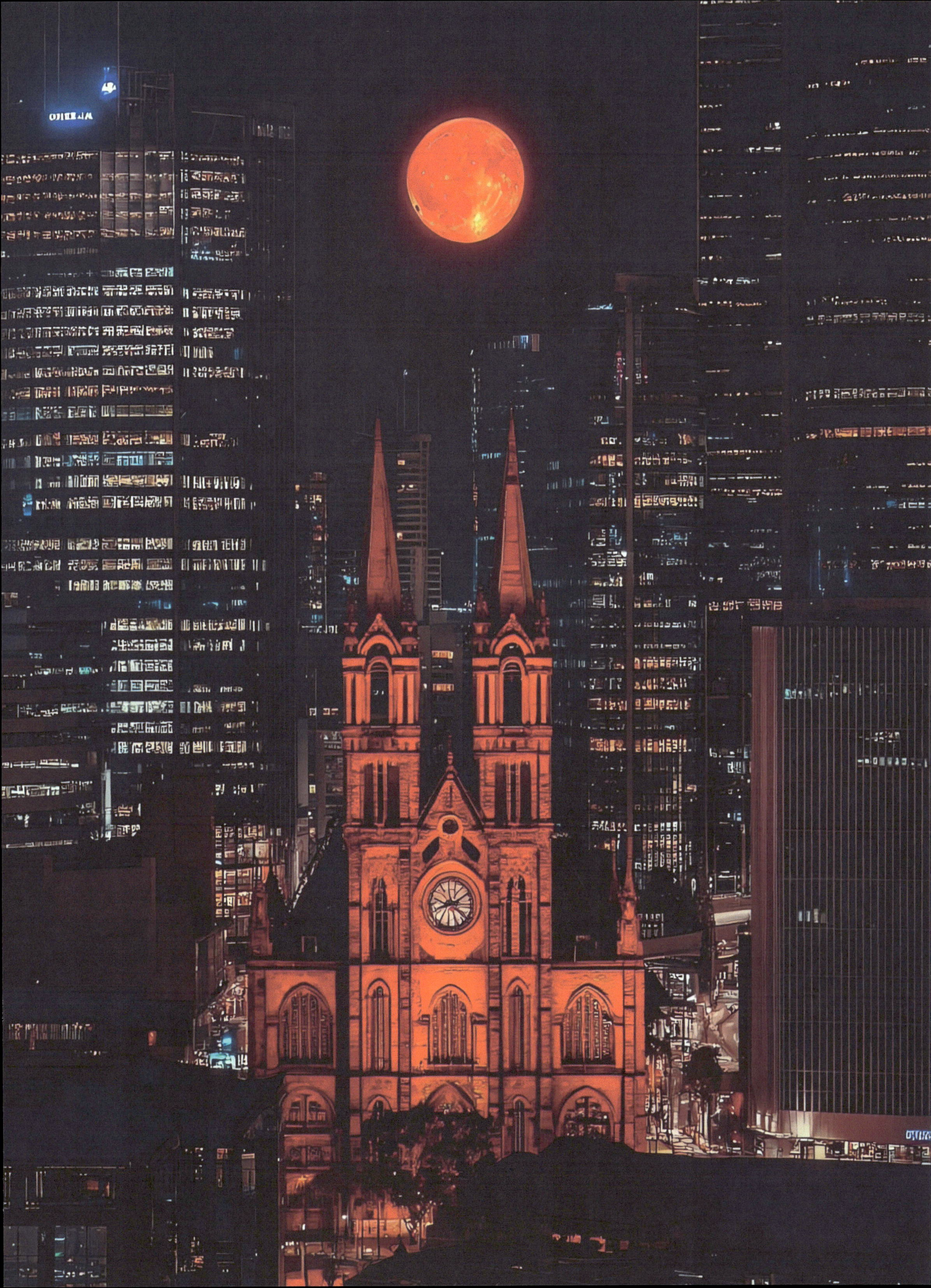

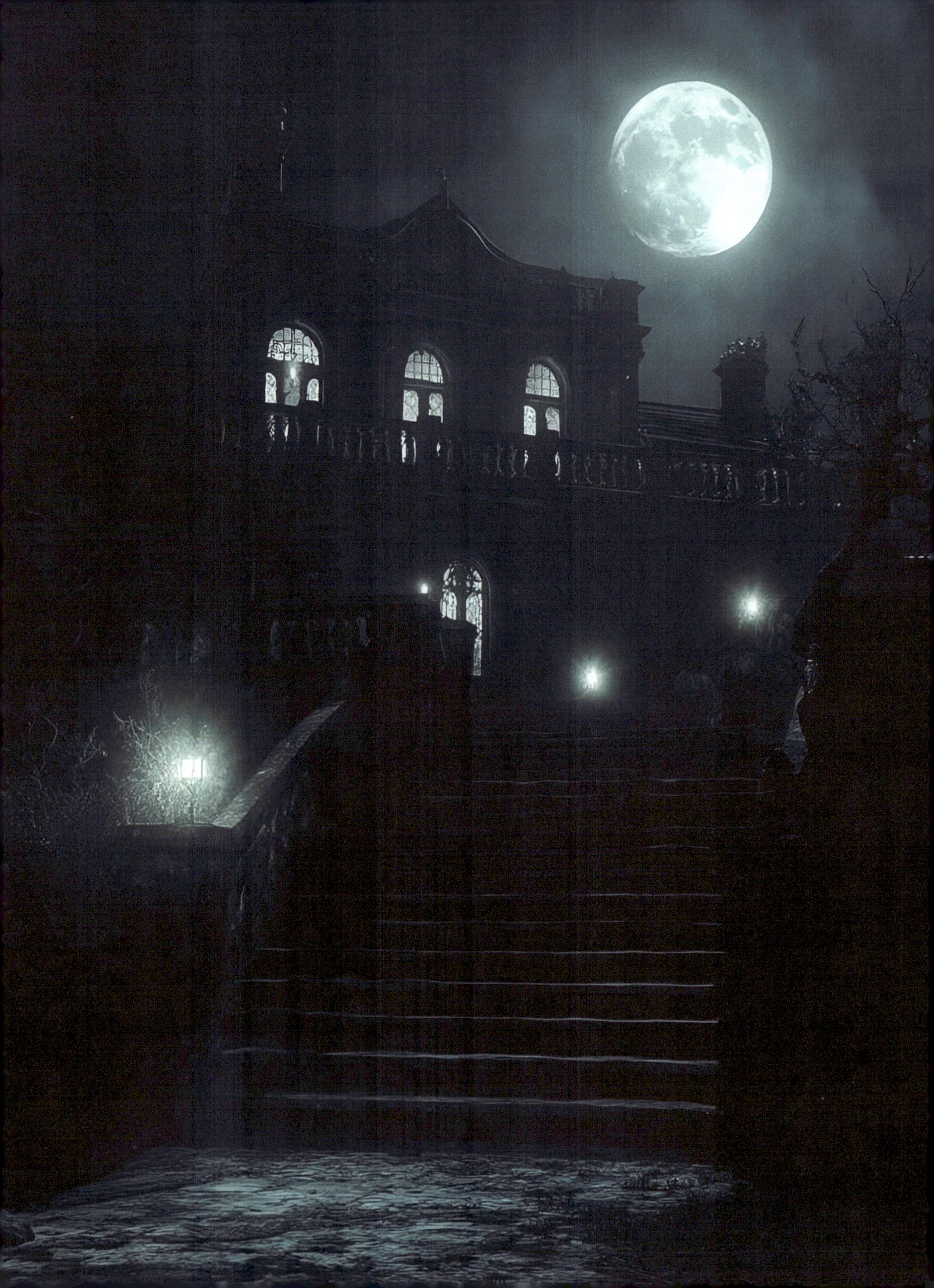

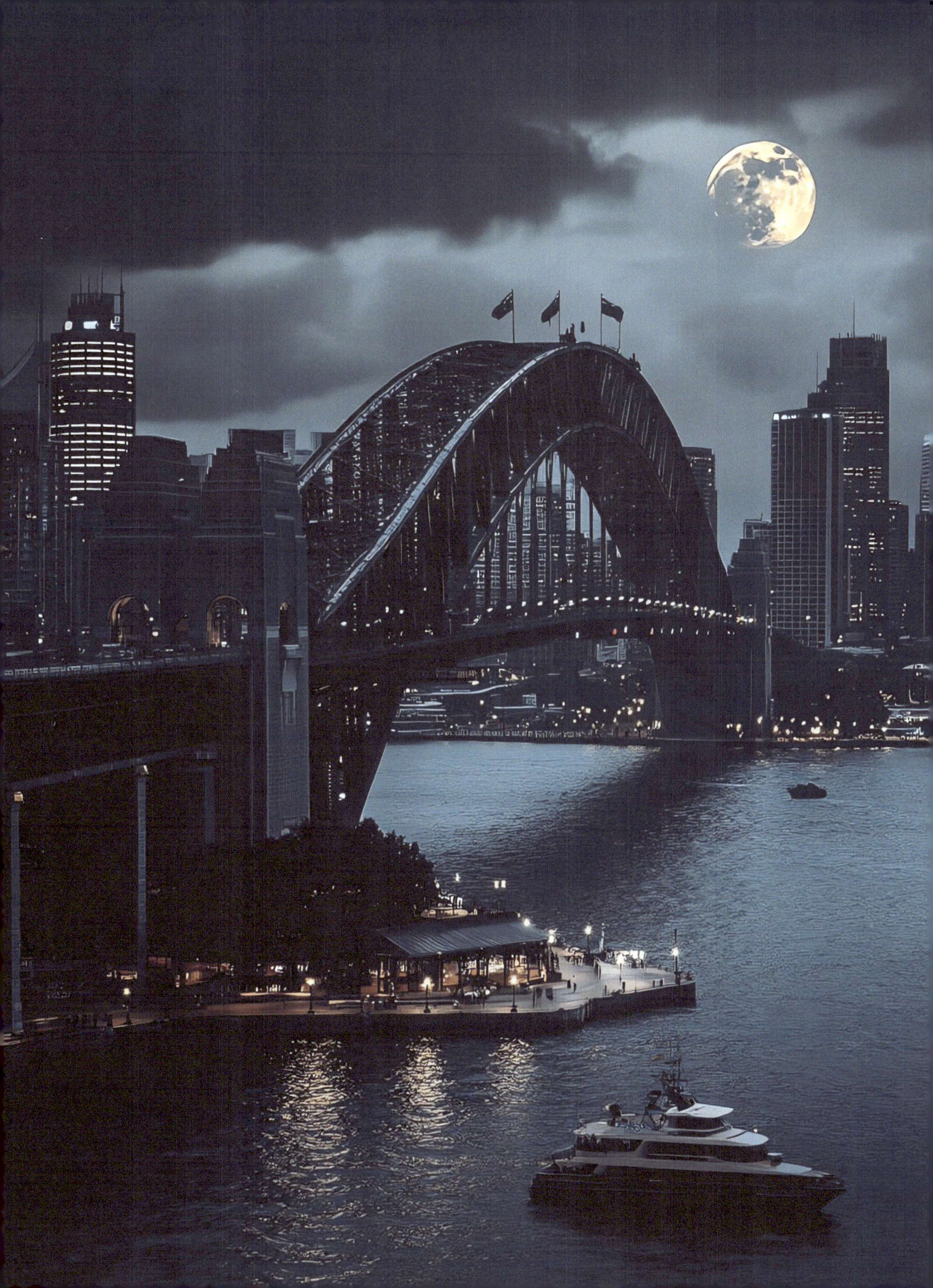

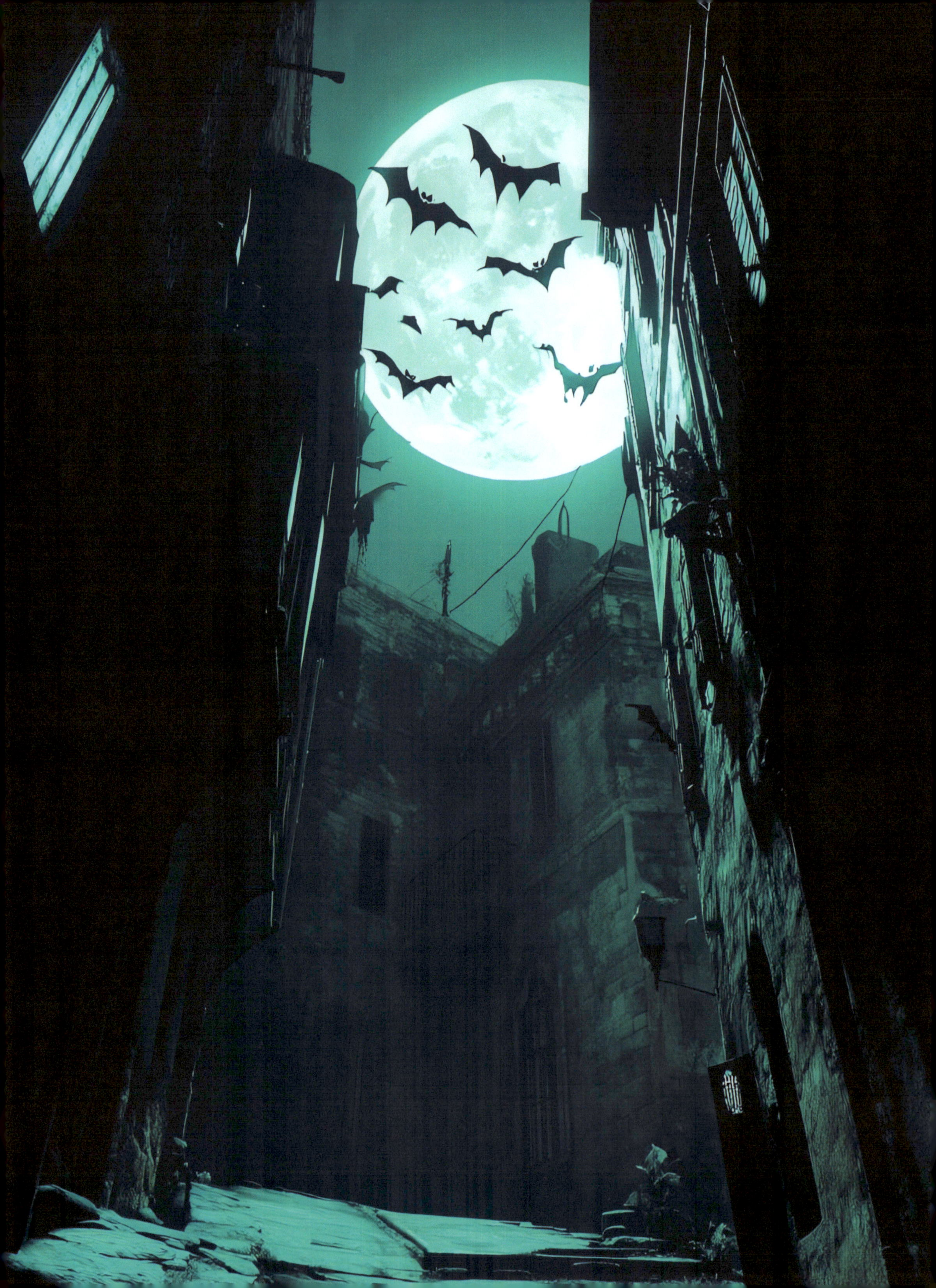

www.ingramcontent.com/pod-product-compliance
Lightning Source LLC
Chambersburg PA
CBHW040435220526
45473CB00004B/1440
* 9 7 9 8 3 0 0 9 7 1 0 2 1 *